Hermann Lotze

Grundzüge der Ästhetik

Hermann Lotze

Grundzüge der Ästhetik

ISBN/EAN: 9783744629416

Hergestellt in Europa, USA, Kanada, Australien, Japan

Cover: Foto ©Thomas Meinert / pixelio.de

Weitere Bücher finden Sie auf **www.hansebooks.com**

Grundzüge

der

Aesthetik

Dictate aus den Vorlesungen

von

Hermann Lotze

Leipzig
Verlag von S. Hirzel
1884

Inhalt.

Die Dictate sind bei dieser Auflage dem Abdruck in der Fassung zu Grunde gelegt worden, welche Lotze im Sommer-Semester 1856 ihnen gegeben hat.

Erster Haupttheil.

Erstes Kapitel.
Von der Schönheit und der Phantasie.*)

§ 1.

Etwas 'angenehm' oder 'schön' zu nennen werden wir nur durch den Eindruck der Lust veranlaßt, den es in uns erzeugt.

Aber wir unterscheiden das 'Angenehme' als einen nur individuell, für uns, gültigen Eindruck von dem 'Schönen', welches wir von Allen als solches anerkannt verlangen.

Hieraus ging die Ansicht hervor: angenehm sei das, was mit den individuellen und nicht nothwendig allgemein-gültigen Zuständen unseres Wesens harmonirt, dagegen schön das, dessen Eindruck mit der unveränderlichen und allen Individuen gemeinsamen Organisation unserer Natur übereinstimmt. Man glaubte namentlich, daß dasjenige schön sei, was unsere Erkenntnißthätigkeit zu einer ihr angemessenen Mannigfaltigkeit von Aeußerungen anregt, und von diesem Gesichtspunkt aus suchte die Aesthetik Kunstregeln, nach denen man durch Spannung der Erwartung, durch Steigerung des Eindruckes, durch Ueberraschung, durch die Verbindung des Mannigfaltigen zu einem leicht anschaulichen Ganzen, durch Unterwerfung einer Vielheit unter ein leicht zu entdeckendes Gesetz 2c. diesem natürlichen Spiel unseres Vorstellens angemessene Reize zuführte.

*) vergl. H. Lotze, Ueber den Begriff der Schönheit — Göttinger Studien 1845 II.

§ 2.

Allein jene Allgemeingültigkeit, die wir für unser ästhetisches Urtheil verlangen, wird uns nicht zugestanden, sondern thatsächlich sind die Ansichten über das Schöne weniger in Uebereinstimmung als die Urtheile über vieles Angenehme.

Der 'schöne' Eindruck kann daher nicht auf einen in uns stets wirklich vorhandenen Maßstab, nicht auf eine in allen Individuen wirklich vorhandene geistige Organisation bezogen werden, sondern nur auf eine solche, die in jedem Einzelnen erst durch die Entwicklung realisirt werden soll und in jedem nur unvollkommen und einseitig realisirt ist.

'Schön' wird mithin ein Eindruck erscheinen, der mit dem in uns verwirklichten Theile dieses idealen Zustandes zusammenstimmt, und eben weil wir das gute Gewissen haben, daß er uns nicht blos als einzelner Person wohlgefällt, sondern dem allgemeinen Geiste in uns, können wir verlangen, daß unser Urtheil allgemein gelte. Anderseits aber, weil kaum in einem andern Individuum genau derselbe Theil des Ideals verwirklicht ist, wird diese verlangte Uebereinstimmung sehr selten vollständig vorkommen, sondern der ästhetische Geschmack wird verschiedener sein können, als das Urtheil über manches blos sinnlich Angenehme, für dessen Eindruck alle Individuen dieselbe Empfänglichkeit besitzen.

§ 3.

Bisher also würde das Schöne das sein, was dem verwirklichten Ideal in uns entspricht. Aber es fragt sich, wie Schönheit, die so oft in äußerlichen Formen gefunden wird, einem Idealzustande des Geistes entsprechen könne, den man sich gewöhnlich nur in dem engeren Gebiete der sittlichen Gesinnung vorzustellen pflegt.

Nun ist aber klar, daß jede einzelne sittliche Idee, z. B. die der Gerechtigkeit, des Wohlwollens ꝛc., sobald sie den Geist beherrscht,

nicht blos der gesammten Handlungsweise bestimmte formelle
Charaktere mittheilen muß, sondern daß unter ihrer Herrschaft auch
der Wechsel der Gemüthsstimmungen und die Gewohnheiten des
Vorstellungsverlaufs, kurz der ganze innere Zustand sich an
bestimmte Formen der Veränderung gewöhnen kann, die ganz abgesehen von aller Beziehung auf sittliche Aufgaben auch als Ver-
knüpfungsformen der Ereignisse in der Natur und in Kunst-
producten wiederkehren können. So wird die 'Gerechtigkeit' etwa
das formelle Prädicat der Consequenz, der stetigen Entwicklung, der
Vermeidung alles Ueberflüssigen, der Strenge und Herbigkeit des
starren geradlinigen Fortschritts, dagegen die Idee des 'Wohlwollens'
die Gewohnheit, alle Gegensätze durch Vermittlungen auszugleichen,
jeden scharfen Unterschied zu vermeiden, und ähnliche Formen des
Benehmens hervorrufen. Beide Arten von Formen aber finden
wir auch in der Natur wieder, und was die eine von ihnen trägt,
wird auch der einen geistigen Richtung gefallen, die in denselben
Formen lebt.

§ 4.

Diese Auffassungsweise würde theils, wie sich später zeigen wird,
manches Einzelne gut erklären, theils würde sie nicht ganz übel die
höhere Würde des Schönen im Gegensatz zum Angenehmen in uns
schützen.

Allein im Ganzen würde doch hier der schöne Gegenstand immer
nur als ein Mittel erscheinen, das nur dazu gut ist, um durch
seine Einwirkung auf uns, und erst eben in uns jenes Gefühl der Lust zu erzeugen, um deswillen wir ihn schön nennen. Er
würde daher an sich ebensowenig 'schön' sein, als ein Gegenstand
an sich 'nützlich' ist. Sowie 'Nützlichkeit' nur ein eventuelles
Prädicat ist, das einem Dinge dann zukommt, wenn es auf uns
wirkt, das dagegen seine eigene Natur gar nicht mit ausmachen
oder charakterisiren hilft wie andere Eigenschaften, ebenso würde die
'Schönheit' nur ein eventuelles Prädicat sein, das nicht eigentlich zu dem Bestande des Gegenstandes selber mitgehört, sondern

das ihm nur zukommt, weil wir, auf die es wirkt, so organisirt sind, daß uns diese Wirkung wohl thut. Wären wir anders eingerichtet, so würde derselbe Gegenstand 'häßlich' heißen können, und würde das dann ebensowenig an sich selber sein, als er im ersten Falle an sich 'schön' war.

Auf diese Weise würde also die 'Schönheit' eigentlich nur in unserm subjectiven Eindruck existiren, in den Gegenständen dagegen nur eine Summe gleichgültiger Eigenschaften vorhanden sein, die nur als ihre Nachwirkung in uns das Schöne erzeugen.

§ 5.

Mit dieser Ansicht wird man nicht befriedigt sein. Wenn man gern zugibt, daß es mit andern Eigenschaften, z. B. der Nützlichkeit, so gehalten werden dürfe, daß diese also gar nichts den Gegenstand mit Ausmachendes, sondern blos eine zufällige Beziehung des fertigen Gegenstandes zu uns seien, so sei dies unmöglich in diesem Falle, weil die eigenthümliche Würde der 'Schönheit' verloren gehe, sobald sie nicht als das eigene Leben des Objects, sondern nur als ein von ihm veranlaßter Gemüthszustand gelten solle.

Man wird daher auf alle Weise suchen, der Schönheit eine objective Wirklichkeit zu sichern, und zugleich verlangen, daß die Schönheit alles Schönen überall ein und dieselbe sei. Denn auch das würde ihrem Werth widersprechen, wenn, wie dies beim Nützlichen der Fall ist, jeder einzelne schöne Gegenstand aus einem ganz besondern, blos für ihn gültigen und in keinem andern Falle sich wiederholenden Grunde schön wäre. — Aus diesem Bedürfniß entspringt die schon im Alterthum angeregte Frage nach dem 'Schönen an sich' oder in moderner Form nach der 'Idee der Schönheit'.

§ 6.

Bei diesem Streben nach Objectivirung der Schönheit wird man für die Lust des subjectiven Eindrucks, den sie uns ge-

währt, kein Aequivalent finden können, es sei denn daß die
Dinge ihre eigne Schönheit genössen. Wohl aber wird man versuchen können, das, was objectiv, in den Dingen dem schönen
Eindruck zu Grunde liegt, als ein an sich bedeutsames, in den
ganzen Bau der Welt sich werthvoll einfügendes und zu seiner Vollständigkeit gehörendes Prädicat zu fassen, so daß dann der schöne
Eindruck hervorgebracht wird durch Etwas, was auch von ihm abgesehn, auch an sich, von absolutem Werth ist.

§ 7.

Anderseits überzeugen wir uns bald, daß dasjenige, was wir
als das 'Schöne an sich' in den verschiedenen schönen Gegenständen
als gemeinsamen Charakter aufsuchen, weder eine bestimmte Eigenschaft noch eine Summe von solchen, weder ein bestimmtes Ereigniß
oder eine Beziehung, ein Verhältniß, noch ein allgemeiner Exponent
solcher Verhältnisse sein kann. Denn sowohl in Bezug auf die
Natur ihrer einzelnen Merkmale als rücksichtlich der Verbindungs-
weise derselben sind die schönen Gegenstände unendlich verschieden.

Wir können daher 'das Schöne' nicht in der Form einer Anschauung fassen, die uns immer nur ein bestimmtes Bild geben
würde, nicht in der Form des Begriffs, die uns zu einem bestimmten Merkmalkreise noch ein beständiges Gesetz der innern Verbindung derselben hinzugeben würde, sondern nur in der Form der
Idee, die das Wesentliche eines Gegenstandes nur durch den
Sinn des Zweckes angibt, zu dem er berufen ist, eine bestimmte
Form oder Verbindung von Merkmalen dagegen nicht einschließt,
vielmehr eine unendlich mannigfaltige Bestimmbarkeit derselben zugibt, mit der einzigen Bedingung, daß in allen diesen vielen Formen
der Sinn des Zweckes festgehalten bleibe.

§ 8.

Es wird sich nun darum handeln, den Inhalt anzugeben,
der in diese Form, der Idee, gefaßt die Schönheit ausmacht.

Nun haben wir früher (§ 6) gesehen, daß ein absoluter Werth dem Schönen nur zukommen kann, wenn die Verhältnisse, durch die es schön ist, zu den allgemeinen ewigen und bedeutungsvollen Zusammenhängen der Wirklichkeit gehören. Es zeigt uns aber die Wirklichkeit drei in einander verschlungene Reiche oder Gewalten, nämlich

1. das Reich der allgemeinen Gesetze, die sich uns mit absoluter Nothwendigkeit als gültig aufdrängen, alles Wirkliche beherrschen, aber eben um dieser Allgemeinheit willen aus sich selbst gar nichts Bestimmtes erzeugen;

2. das Reich der wirklichen Stoffe und Kräfte, die sich nicht als nothwendig, sondern nur als thatsächlich vorhanden darstellen und dadurch, daß sie nach jenen Gesetzen unter bestimmten Umständen thätig sind, die mannigfaltigen Formen der Erscheinungen hervorbringen;

3. den bestimmten und specifischen Plan, nach welchem diese Elemente der Wirklichkeit unter einander zusammengeführt werden, um durch ihre Wirkungen nach den allgemeinen Gesetzen ein bestimmtes Ziel zu verwirklichen.

§ 9.

Diese drei Principien scheinen nun für unsere gewöhnliche Weltauffassung von einander ganz unabhängig, aus verschiedenen Quellen zu stammen und sich unter einander zur Erzeugung dieser bestimmten Wirklichkeit nur zu durchkreuzen und zu vereinigen. Aber keines fließt aus dem andern. Aus dem Reich der Gesetze ist nicht ableitbar, daß es gerade diese Wirklichkeit geben mußte, und selbst aus dem Zwecke können wir nicht nachweisen, daß er nur durch diese Gesetze und Kräfte zu erreichen war.

Aber mit dieser Dreiheit unabhängiger Anfänge sind wir weder im gewöhnlichen Leben noch in der Wissenschaft befriedigt, und immer ist es eine der ernsthaftesten Aufgaben der Speculation gewesen, sie als nothwendige Consequenzen eines einzigen, höchsten Princips zu begreifen.

Im Allgemeinen kann man nur sagen, daß diese Aufgabe niemals vollständig gelöst worden ist, noch jemals gelöst werden wird. Zwischen die Erkenntniß aber, welche fruchtlos eine vollständige Einsicht in diesen Zusammenhang sucht, und das Handeln, welches ebenso unvollkommen eine Einheit alles Wirklichen mit seinen Zwecken hervorzubringen strebt, also zwischen das Gebiet des Wahren und des Guten tritt eben auf eine eigenthümliche Weise im Eindruck der Schönheit das Gefühl in die Mitte, indem es zwar keine theoretische Einsicht, noch ein praktisches Herbeiführen einer Lösung dieser Widersprüche darbietet, wohl aber in der Anschauung des Schönen eine unmittelbare Gewißheit und Versicherung des Vorhandenseins einer solchen Lösung empfängt.

Wir können deßhalb vorläufig die Schönheit bezeichnen als das unmittelbar anschauliche Hervortreten einer Einheit zwischen jenen drei Gewalten, welche unsere Erkenntniß völlig zu vereinigen nicht vermag.

§ 10.

Bei jeder Realisirung eines Zweckes, der zu seiner Verwirklichung von außen gegebene Mittel benutzen muß, werden diese Mittel allemal außer den Eigenschaften, durch die sie die Forderungen des Zweckes erfüllen, noch andere theils gleichgültige theils hinderliche besitzen. Nur in dem Ganzen der Welt, das aus sich selbst sich bildet, werden wir eine vollkommene Congruenz zwischen dem zu erfüllenden Zweck, der freien Wirklichkeit der Mittel und den allgemeinen Gesetzen des Wirkens voraussetzen dürfen.

Wo nun in einer einzelnen Erscheinung dieselbe Congruenz, die wir hier nicht voraussetzen durften, bennoch eintritt, wo also die benutzten Mittel nicht nur äußerlich und nicht nur theilweise dem Zweck unterworfen scheinen, sondern aus eigener Neigung und auch in den Beziehungen, in welchen der Zweck keine Forderung an sie stellt, bennoch in dem Sinne desselben wirksam sind und die von ihm anderwärts verlangten Formen des Daseins und Geschehens ohne Zwang wiederholen: da scheint uns der Gegenstand mehr zu leisten als seine Pflicht war, und indem er durch diesen Ueberschuß der innern Vortrefflichkeit ein Gefühl der Lust in uns anregt, nennen wir ihn schön, weil er die allgemeine Idee der Schönheit, nämlich jenes vollkommene In-einander-aufgehen jener drei Gewalten des Weltbaues in einem anschaulichen Bilde und im Kleinen concentrirt wiederholt.

§ 11.

Das Vorige reicht hin, das Schöne sowohl in unserer unmittelbaren Auffassung im Leben als auch in der Kunstkritik abzutrennen

1. von dem blos-Correcten, Wahren oder Richtigen, d. h. von dem, was nur den allgemeinen Gesetzen vollkommen entspricht und so nur seine Schuldigkeit thut;

2. von dem blos mannigfaltigen Leben des Wirklichen, das durch seine Buntheit, seine Neuheit, seine überraschenden Formen psychologisch stark auf uns wirkt, aber an sich ohne Werth ist, so daß alles blos Naturtreue und Charakteristische in der Kunst nur als ein stoffartiges Reizmittel, nicht als berechtigter Grund unsers ästhetischen Wohlgefallens gelten kann;

3. endlich von dem Guten, welches, höher als das Schöne, doch nicht an sich schon auch schön ist, sondern erst im Lauf seiner Verwirklichung dann 'schön' wird, wenn ihm die freien Mittel sich zuvorkommend unterwerfen oder es im Stande ist ihre ursprüngliche Sprödigkeit völlig in sich aufzulösen.

§ 12.

Ist nun die Schönheit eine Coincidenz jener drei Momente, die in der Verwirklichung jedes Zweckes vorkommen, so wird sie eigentlich nur dem Bewegten oder demjenigen zukommen, dessen ruhender Thatbestand von uns auf solche Bewegungen gedeutet werben kann, in benen sich das vollkommene In-einander-aufgehen des Zwecks, der Mittel und der allgemeinen Gesetze zeigen würde.

Und zwar würde eigentlich die Schönheit im vollsten Sinne nur der bewegten schöpferischen Weltseele zukommen und als die Form ihrer Entwicklung bezeichnet werden können; denn nur im Ganzen der Welt findet jene Coincidenz vollkommen statt.

Die einzelnen Gegenstände dagegen würden dadurch schön sein, daß sie entweder selbst ein in ähnlicher Weise thätiges beseelendes Princip in sich trügen, wie es die Weltseele dem Ganzen ist, oder sie sind dadurch schön, daß sie an sich zwar nur mechanische äußerliche Zusammenstellungen von Theilen sind, aber durch die Form ihrer Verknüpfung uns an Wirklichkeiten erinnern, die in denselben Formen Erzeugnisse der Weltseele sind. Aus dem ersten Grunde erscheint uns der lebendige Organismus als die unmittelbarste Darstellung der Schönheit, aus dem zweiten suchen wir jedes mögliche Kunstwerk als Organismus zu fassen, um die Schönheit desselben in gleicher Weise beuten zu können.

§ 13.

So wenig wir den höchsten Zweck der Welt überhaupt adäquat ausdrücken können, so kann doch er, den wir nur als das absolut Werthvolle betrachten dürfen, nicht in der Herstellung irgend eines Ereignisses oder eines Thatbestandes oder in der Durchführung irgend einer Form der Bewegung oder des Daseins bestehen. Denn das alles, die unablässige Erscheinung des Unendlichen in unzähligen Endlichkeiten, die beständige Realisirung des Idealen und die Wiederidealisirung des Realen, oder endlich die Sich-selbst-Objectivirung eines Geistes, der immerfort eine Welt aus sich heraus setzte und sie wieder in sich hineinzöge — alles dies, wodurch man den höchsten Gehalt der Welt ausdrücken zu können gemeint hat, ist an sich völlig gleichgültig, langweilig und werthlos, und man wüßte nicht, warum gerade Das, und nicht lieber etwas Anderes Zweck der Welt sein müßte.

Nichts bejaht sich so unbedingt und so unmittelbar in seinem Werthe, als die Lust. Nur sie kann als das letzte zu Realisirende gelten, nur bei ihr wird die Frage absurd, warum sie, und nicht lieber die Unlust, Zweck der Welt sein müsse.

Was ihren Begriff zu verdächtigen pflegt, ist nur der Nebengedanke an die einzelne, empirische, bedingte und zurücknehmbare Lust, die von dem Einzelnen in egoistischer Gesinnung ohne Rücksicht darauf gesucht wird, ob sie mit der Lust des Ganzen verträglich sei, und die eben deshalb sich straft, indem der Zusammenhang dieses außer Augen gesetzten Ganzen der Welt sich durch die Folgen rächt.

Von dieser bedingten Lust verschieden ist die, die eben auf das Ganze der Welt bezogen besser mit dem Namen der Seligkeit bezeichnet wird und den Erfolg einer Weltordnung ausdrückt, in welcher es kein Dasein, kein Verhältniß und kein Ereigniß gibt, das blos factisch dawäre; in welcher vielmehr Alles, was ist, in solchen Beziehungen steht, daß aus diesen der mannigfaltigste, ausgedehnteste, tiefste Genuß für alle einzelnen Elemente entsteht.

§ 14.

Nun müssen wir zugeben, daß wir, sowie wir überhaupt aus einem Zwecke nicht die Nothwendigkeit ableiten können, daß gerade diese und keine andern Mittel zu seiner Verwirklichung gewählt werden mußten, so auch nicht nachweisen können, wie die Realisirung der höchsten Seligkeit gerade diese bestimmte Welteinrichtung verlangte, von der wenigstens ein Bruchstück in unsere Erfahrung fällt.

Ja wir sind sogar zweitens nicht einmal im Stande zu beweisen, daß die gegebene Welt diesem Zweck entspricht. Wir werden vielmehr durch den Anblick der Uebel in der Welt häufig zu dem Glauben gebracht, daß, wenn jene Seligkeit Zweck der Welt ist, sie wenigstens an der vorhandenen Wirklichkeit ein unvollkommenes und ungeschicktes Mittel ihrer Verwirklichung findet, so daß auch hier uns ein Zwiespalt zwischen dem Reiche der Ideen oder der Zwecke und dem Reiche der realen Mittel vorhanden zu sein und die letzteren aus einer andern Quelle zu stammen scheinen als die ersteren.

In theoretischer Erkenntniß wird man es nie weiter bringen, als bis zu einem motivirten Glauben daran, daß im Ganzen der Welt dennoch diese völlige Uebereinstimmung stattfinde und daß nur das Einzelne als solches die Schuld seiner Endlichkeit dadurch abbüße, daß es vorübergehende Disharmonien erfährt, die in der Harmonie des Ganzen wieder aufgelöst werden. Wo dagegen in einer einzelnen Erscheinung eine solche Anordnung stattfindet, daß alle Theile sich nicht nur einem Zweck überhaupt zuvorkommend unterwerfen, sondern specieller durch ihre Wechselwirkungen eine vielfache in jedem einzelnen Theil widerklingende und durch das Ganze harmonisch ausgebreitete Lust erzeugen, da finden wir wieder in dieser Schönheit der Erscheinung die anschauliche Versicherung davon, daß wie hier im Einzelnen, so auch im Ganzen der Weltordnung jener Gegensatz aufgehoben sei.

§ 15.

Genuß nun oder Lust ist nur im Beseelten möglich. Die höchste objective Schönheit werden wir daher immer in der beseelten Gestalt finden, deren einzelne Theile wir ebenfalls als fähig betrachten an der Lust des sie beherrschenden individuellen Geistes Theil zu nehmen, das Glück zu fühlen, das in jeder ihrer Beziehungen zu jedem andern liegt, und so von ihrem Standpunkt aus die durch das Ganze als Ganzes verbreitete Harmonie als auch für sie selbst vorhanden wiederzuspiegeln.

Deshalb wird alle ästhetische Naturbetrachtung immer dagegen sein, in einer roh mechanischen Ansicht den Leib als todtes Material für die Zwecke der einen lebendigen Seele anzusehn. Sie wird nicht nur ihn als durchaus in jedem Theile beseelt betrachten, sondern auch jedes Kunstwerk, von dessen wirklich mechanischer Structur wir völlig überzeugt sind, werden wir ästhetisch nur dadurch würdigen, daß wir es als beseelten Organismus betrachten, damit wir so im Stande sind jedem einzelnen Theile nicht blos ein Enthaltensein in gewissen Formen, sondern zugleich einen Genuß des Werthes dieser Formen zuzuschreiben.

§ 16.

Den Namen der Schönheit werden wir schließlich nicht sowohl den Formen des Daseins und der gegenseitigen Beziehung zuschreiben, die an sich nur die Vorbereitungen für den künftigen Selbstgenuß der Dinge sind, sondern wir werden den letztern in jenen Namen mit einschließen und werden 'Schönheit' jenen seligen Selbstgenuß nennen, der dem Ganzen der Welt voraussetzlich wegen der vollkommenen Coincidenz aller realen Verwirklichungsmittel mit dem Inhalt ihrer Zwecke zukommt, und der in dem Einzelnen (dem Endlichen) zwar durch jene Dissonanzen gestört werden kann, welche da in der Realisirung jedes Zweckes vorkommen können und gewöhnlich in der That vorkommen, dagegen in etwelchen dieser endlichen, einzelnen Erscheinungen (den schönen Gegenständen) in einem concentrirten, der Vollkommenheit angenäherten Ausdruck sich zeigt.

In diesem Resultat fließt die frühere, subjective, und diese spätere, objective, Betrachtung des Schönen zusammen. Denn zuerst war uns die Schönheit nur in dem subjectiven Gefühl der ästhetischen Lust gegeben, die uns die Eindrücke erregten. Wir wollten ihr dann ein objectives Dasein geben, so daß sie als das eigene innere Wesen der schönen Gegenstände erschiene. Wir haben dies erlangt, indem wir die Schönheit nicht als ein bloßes Verhältniß, als eine bloße Form betrachten, von der die Dinge, denen sie zukäme, selbst nichts wüßten, indem wir sie vielmehr für die Lust erklären, welche die Gegenstände selber von der glücklichen Bildung ihrer Formen empfangen. Sie scheinen daher nicht blos schön, sofern sie auf uns einen wohlthuenden Eindruck machen, sondern wir fühlen in dem Eindruck nur ihre eigene schöne Lust mit.

§ 17.

Mit dem Namen der **Phantasie** bezeichnen wir im Gegensatz zu der gemeinen Einbildungskraft, die nur einen mannigfachen Thatbestand von Merkmalen, Formen, Verhältnissen rc. zur Anschauung bringt, die höhere Fähigkeit, welche in diesen Thatbeständen zugleich den **Werth** mitfühlt, den sie für die genießende Seele besitzen. Aeußerungen dieser Phantasie kommen im gewöhnlichsten geistigen Leben vor, und wir können selbst die **abstractesten Begriffe**, wie Einheit, Gegensatz, Gleichgewicht u. dergl., nicht vorstellen, ohne uns zugleich mit unserm Gemüth in ihren Inhalt zu versetzen und die eigenthümlich gefärbte Lust oder Unlust mit zu genießen, die ihm entspricht. Aber die Phantasie wird nicht blos als eine **auffassende** Thätigkeit erscheinen, welche in der Welt der Formen die Welt der Werthe entdeckt und überall hindurchscheinen sieht, sondern zugleich als eine **schaffende** Thätigkeit, welche die innere Welt der Werthe in die Welt der Formen überzuführen vermag.

So würde die Phantasie der schaffenden Weltseele der Quell aller Schönheit sein; denn sie ist diese lebendige Thätigkeit, aus der die idealen Zwecke und die realistrende Erscheinung in unmittelbarer Einheit hervorgehen. In der Phantasie des menschlichen Geistes finden wir sie wieder in der doppelten Bemühung thätig, theils das vorhandene Schöne genießend zu verstehn, theils selbsterzeugend künstlerisch andere Schönheit hervorzubringen.

Zweites Kapitel.
Die Verwirklichung und die Arten des Schönen.

§ 18.

Suchen wir die Gebiete der Wirklichkeit auf, in denen Schönheit sich zeigen kann, so können wir unterscheiden

1. die allgemeinen Formen von Raum, Zeit und Bewegung, auf die alle Wirklichkeit gebaut ist; ferner

2. die bestimmten Gattungstypen der einzelnen wirklichen Wesen; endlich

3. die Welt der Ereignisse, in welche diese verflochten sind.

§ 19.

Indem wir auf später versparen, die Gründe zu erwähnen, aus denen einzelne Raum-, Zeit- und Bewegungsformen vor andern schön erscheinen, wollen wir Das hervorheben, worauf überall der schöne Eindruck irgend einer von diesen Formen beruht.

Raum, Zeit und Bewegung sind so innerlich organisirt, daß sie nicht nur vermöge ihrer unendlichen Ausdehnung überhaupt eine Unermeßlichkeit umfassen, sondern durch ihre gesetzlichen Beziehungen zugleich jedem einzelnen Punkte zu jedem andern ein bestimmtes abgestuftes Verhältniß geben. So macht es z. B. der Raum möglich, daß Nichts in der Welt vereinsamt steht, sondern seine bestimmte Umgebung hat, daß Bewegungen nach verschiedenen Richtungen an einem vorausbestimmten Punkte zusammenstoßen oder von einem andern gemeinsamen Punkte sich entfernen, daß jede angefangene Figur nicht blos Platz zu ihrem Abschluß, sondern auch die gesetzlich bestimmten Punkte vorfindet, durch die ihr Umriß symmetrisch verlaufen muß, und dergl. mehr.

An alle diese Eigenschaften sind wir so gewöhnt, daß wir ihren Werth übersehen. Gleichwohl beruht der Eindruck, den z. B. die Symmetrie einer Figur, die Consequenz in dem Schwung einer Linie, der eigenthümliche Gegensatz in den zwei gleichen, aber nach rechts und links laufenden Zweigen einer Arabeske, die bestimmte Rückkehr einer Melodie auf ihren Ausgangspunkt auf uns ausübt, großentheils mit darauf, daß alle diese einzelnen Erscheinungen uns verstohlen an diese allgemeine Natur jener drei großen Formen erinnern, durch welche überall Consequenz, Zusammenhang, Möglich-

telt einer Entwicklung und die Unmöglichkeit, sich jemals aus dem Verbande mit der Wirklichkeit zu entfernen, gesichert ist.

§ 20.

Der 'freien Schönheit' gegenüber, die auf diesem ersten Gebiet sich in allerhand an sich zwecklosen Combinationen ergeht, hat jedes durch einen Gattungsbegriff bestimmte Wirkliche zuerst den Forderungen dieses Typus zu genügen. Doch ist es dadurch allein nicht 'schön'. Denn jeder Typus, wie jeder Allgemeinbegriff, läßt eine große Menge Proportionen zwischen seinen einzelnen Merkmalen unbestimmt. Diese Lücken muß das Einzelne durch die Wahl bestimmter Verhältnisse ausfüllen, und nur so hat überhaupt der Gattungstypus eine Wirklichkeit.

Schön wird nun das Einzelne dann sein, wenn es diese seine individuellen Züge nicht nur unter einander zusammenstimmend, sondern so ausbildet, daß es durch sie in dem eigenen Sinne des Typus über dessen nothwendige Forderungen hinausgeht und darin zeigt, wie die Trefflichkeit dieses Typus auch für seinen individuellen Zweck sich als ausreichendes System von Mitteln bewährt. Es wird umgekehrt positiv häßlich sein, sobald es das, was der allgemeine Typus unbestimmt läßt, gegen den Sinn desselben bestimmt, wodurch es zwar nicht aus den Grenzen des Gebotenen hinausgeht, aber zeigt, daß es durch den Gattungstypus wie durch eine fremde Gewalt sich beherrscht fühlt, der es mit seinen individuellen Neigungen und Zwecken entgegensteht.

Der Versuch, ohne solche individuelle charakteristische Färbung nur den allgemeinen Typus an sich schön zu finden oder darzustellen, wird nothwendig scheitern; das, was man wohl als 'Ideal-Schönes' dem 'blos Charakteristischen' entgegenstellt, erreicht man nicht durch Aufgeben des Charakteristischen, sondern nur dadurch, daß man die besondern individuellen Richtungen, für die man den Gattungstypus in der einzelnen Gestalt ausgebildet und geübt denkt, an sich umfassender, freier und allgemeiner werden läßt, so daß sie nicht irgend eine beschränkte Beschäftigung, sondern eine Vielheit von Zwecken und zwar von solchen einschließen, die zu den wirklichen ernsten Lebensaufgaben der Gattung gehören.

Es braucht kaum erwähnt zu werden, daß die 'charakteristische Schönheit' die 'freie Schönheit' der bloßen Form noch außerdem mit einschließen kann, obgleich in allen höheren Geschöpfen die Formen an sich einfacher und reizloser werden, während ihre Schönheit auf dem Verständniß ihres immer wachsenden geistigen Gehaltes beruht.

§ 21.

In der Welt der Ereignisse liegt Schönheit in der Uebereinstimmung zwischen der freien charakteristischen Regsamkeit des mannigfachen Lebendigen und den allgemeinen Gesetzen des sie umfassenden Weltplans.

Sie kann hier theils eine 'freie' Schönheit der Anmuth sein, so daß die Ereignisse durch die Formenschönheit ihrer Verkettung wirken, theils eine 'charakteristische', indem eine bestimmte individuelle Lebendigkeit durch alle ihr von Außen entgegengeworfenen Ereignisse sich ihrer Natur gemäß hindurch entwickelt.

Eigenthümlich aber diesem Gebiet, und nur von ihm auf die frühern übertragbar, ist die Form der Erhabenheit. Sie begleitet an sich schon jeden großen historischen Ueberblick der Weltschicksale. Sie kommt im Einzelnen vor, wo ein herausgehobener Cyclus von Ereignissen als kleineres Ganzes uns die unbedingte Herrschaft des Allgemeinen über die einzelne Lebendigkeit zur Anschauung bringt.

Indessen wirkt der Eindruck dieser absoluten Gesetzlichkeit, so lange man dabei Gewicht auf das Verschwinden des Einzelnen vor dem Allgemeinen legt, zunächst nur niederdrückend, und ist überhaupt schön nur insofern, als man diese Gesetzlichkeit nicht für das Letzte in der Welt, sondern nur für ein Mittel hält, dessen sich eine unsagbar höhere Kraft zur Bändigung des Mannigfachen bedient. Derselbe Eindruck wird dagegen gräßlich, sobald der Mechanismus der Gesetzlichkeit als ein letztes und höchstes Schicksal gelten soll, das alles Endliche beherrscht, ohne selbst von einem Höheren bestimmt zu werden.

Dagegen wirkt das Erhabene selbst erhebend, wenn man Gewicht auf die andere Seite, auf das unerschöpfliche Hervorgehen des Einzelnen aus dem Allgemeinen und auf die Liebe legt, mit der das letztere das Vergängliche stets neu producirt. Doch auch dies Erhabene ist schön nur, wenn diese unermeßliche Productionskraft selbst wieder als Mittel eines höheren Zweckes stillschweigend vorausgesetzt wird. Soll sie dagegen für das Letzte gelten, so verwandelt sie sich für uns in das Langweilig-Monotone.

Die höchste Schönheit der Ereignisse wird daher in der feierlichen Erhabenheit bestehen, in der sowohl die das Einzelne negirende als die andere, unendlich schaffende Kraft als die eigene Lebendigkeit eines an sich werthvollen und heiligen Zweckes erscheint.

§ 22.

Wie nun die Phantasie in der gegebenen Wirklichkeit diese Formen des Schönen auffaßt, so sucht sie dieselben in der Kunst zu reproduciren.

Die ersten Anfänge der Kunst gehören dem täglichen Leben. Jeder Trieb nach Reinlichkeit, Schmuck, Ordnung und Wohnlichkeit der Umgebungen beruht schon auf derselben Lust an dem Reichthum des zusammenstimmenden Mannigfaltigen, die in der gewöhnlich so genannten Kunst sich an höhere Aufgaben wagt. Und gewiß wäre es nützlich, im Gegensatz zur modernen Aesthetik, die meist eine 'Wissenschaft von der Idee des Schönen' sein will, alle Kunst als culturgeschichtliches Element wissenschaftlich zu betrachten.

Was wir nun im engeren Sinne 'Kunst' zu nennen pflegen, dessen Aufgabe besteht im Allgemeinen in der Reproduction der Wirklichkeit, aber nicht des einzelnen Wirklichen als solchen, onbern der Totalität des Wirklichen. Das heißt: die Kunst soll an irgend einer Erscheinung den Bau der wirklichen Welt, die Formen ihres Zusammenhangs und den absoluten Werth und die Bedeutung dieser Formen anschaulich machen. Sie hat daher nicht sowohl zu idealisiren, nicht den Gehalt des Wirklichen zu verbessern, sondern nur zu concentriren, was in der unendlichen Ausdehnung der Welt räumlich und zeitlich so zerstreut auseinander liegt, daß es in der Bedeutung und dem Werthe seiner Zusammengehörigkeit von dem einzelnen Gemüth weder angeschaut, noch durch Reflexion klar genug überblickt, noch endlich in unmittelbarem Erleben genossen werden kann.

§ 23.

Die Bedingungen, denen die Kunst genügen muß, um einen schönen Eindruck zu bewirken*), zerfallen in drei Classen, entsprechend den drei Maßstäben in uns, an die sich ihre Werke wenden müssen. Denn sie müssen

1. dem Sinn gefallen, und so gibt es gewiß eine noch wenig studirte Reihe physiologischer Bedingungen der Schönheit, die nicht blos die Harmonie der sinnlichen Eindrücke unter einander (Farben, Töne) betreffen, sondern auch in der unwillkürlichen Symbolik herrschen, durch welche wir an dem Gemeingefühl unseres Körpers, an der Lust und Unlust, die aus seinen Bewegungen Stellungen, seinem Gleichgewicht oder Druck hervorgeht, auch jede andere Combination räumlicher Formen und Bewegungen erst zu verstehen, und in der Größe und Eigenthümlichkeit ihrer Harmonie oder Disharmonie schätzen lernen. — Das Kunstwerk muß

2. allen den allgemeinen Gesetzen genügen, die den Verlauf unserer Vorstellungen Gefühle und Strebungen beherrschen, und die überall dieselben sind ohne Rücksicht auf Inhalt

---

*) vergl. H. Lotze, Ueber Bedingungen der Kunstschönheit — Göttinger Studien 1847. II 1,

und Werth des Vorgestellten. Dies gibt psychologische Bedingungen der Schönheit, die bald aus der Gleichförmigkeit einer erregten Stimmung, bald aus ihrem Wechsel, bald aus stetiger Motivirung, bald aus contrastirendem Sprunge, bald aus breiter und ausführlicher Darstellung, bald aus kurzer aphoristischer Andeutung am wirksamsten hervorgehen wird. — Allein unsere Seele ist, wenn es um ästhetischen Genuß und Kunstwerk sich handelt, nicht mehr ein sonst leeres Wesen, das nur für einen noch künftigen Gebrauch diese Gesetze seines inneren Mechanismus besäße, sondern sie hat durch Erfahrung Erkenntniß und Handeln sich zu einem inhaltvollen Geiste entwickelt, der über den Gehalt, Zusammenhang und Werth der Welt sich eine feste Anschauung gebildet hat. Auch

3. diesem Geiste muß das Kunstwerk entsprechen und erfüllt diese letzten idealen Bedingungen der Schönheit dadurch, daß es uns stets, auf welche Weise es auch sein mag, an jene drei großen Mächte des Weltbaus und an ihre Harmonie erinnert, in der eben das Geheimniß der Welt selbst liegt. Jedes Kunstwerk wird deßhalb

a) an einen Kreis allgemeiner auch außerhalb seiner eigenen Grenzen gültiger Gesetze erinnern müssen. Es wird eben dadurch sich nicht als ein wesenloser Traum, sondern als Theil oder Bild der Wirklichkeit darstellen. Es muß

b) uns eine bestimmte specifische und concrete Lebendigkeit vorführen, die jenen Gesetzen zwar folgt, aber nicht aus ihnen allein folgt. Es muß uns endlich

c) auch diese Lebendigkeit aufgenommen und eingereiht erscheinen lassen in einen inhaltvollen Plan der Welt, zu dessen Erfüllung es mit den Kräften seiner concreten Natur mitarbeitet.

Zweiter Haupttheil.

Drittes Kapitel.
Musik.

§ 24.

Die Töne sind nicht wie die Farben Erscheinungen, die (wenigstens scheinbar) an den Gegenständen als Prädicate hafteten, sondern sie werden unmittelbar als Ereignisse empfunden, die aus dem tönenden Körper hervorgehn und uns die Bewegung seines Innern verrathen. Sie eignen sich daher überall zum Ausbruck des innern, geistigen Lebens und bilden die Dinge nicht nach dem ab, was sie äußerlich scheinen, sondern verrathen uns unmittelbar das wesentliche Innere der Dinge, das diese Erscheinung hervorbringt.

Die Töne sind ferner, da sie nie zeitlos gedacht werden können, das natürliche Symbol für alle die Zeit füllende Thätigkeit, für alles Werden Entstehn und Vergehn.

Da sie endlich unzähligen Gradationen der Intensität offen stehen, so vermögen sie in den mannigfachsten Formen des Anschwellens und Verklingens alle jene formellen Prädicate der Consequenz und Starrheit, der Weichheit und des Uebergehens, der allmähligen Motivirung und des Sprunges, der Elasticität und Schlaffheit nachzubilden, die in allem geistigen Leben als mögliche Formen seines Ablaufs von größter Bedeutung sind.

§ 25.

Von größerer Wichtigkeit sind die qualitativen Verhältnisse der verschiedenen Töne.

Aber es hat kein ästhetisches Interesse, von der akustischen oder physiologischen Begründung der innern Ordnung der 'Scala' zu reden, weil alle diese mathematischen Verhältnisse niemals als solche in unserer Empfindung auftreten.

Vielmehr gerade das ist wichtig, daß die steigende Reihe der Schwingungszahlen von uns nicht als Zahlenreihe, sondern als wachsende Tonhöhe empfunden wird. Denn in dieser 'Höhe' liegt der ästhetisch unendlich bedeutsame Ausdruck einer Kraft, die nicht durch einen bloßen Grad eines gleichbleibenden Inhalts, sondern durch einen qualitativen und doch als bestimmter Fortschritt meßbaren Unterschied eine andere, nämlich einen tiefern Ton, übertrifft. Keine andere Sinnesempfindung gewährt gleich deutlich diesen Eindruck einer 'qualitativen Größe', der doch, wie von selbst einleuchtet, in unserem geistigen Leben an unzähligen Stellen bedeutsam hervortritt.

Der zweite Zug, der in der Tonreihe von ästhetischer Wirkung ist, ist die Existenz der Harmonien. Die Scala schreitet nicht allein geradlinig fort, sondern zwischen ihren einzelnen Stufen finden sich eigenthümliche Verwandtschaften, die das in der Scala Entferntere häufig näher verbinden als das Benachbarte. Und durch die Existenz der Octaven endlich und die Wiederkehr derselben inneren harmonischen Verhältnisse wird das Tonreich zu einem Ganzen abgeschlossen, das zwar als Ganzes in höherer und niederer Lage wiederholt werden kann, aber nicht eine unermeßliche und unbestimmte Menge, sondern eine gesetzlich festgestellte Anzahl innerer Beziehungen besitzt. Auf diese Weise bringt es einen ähnlichen Eindruck hervor, wie der Raum mit der gesetzlichen Consequenz seiner inneren Verhältnisse.

Endlich kann kein Ton ohne die eigenthümliche Färbung bestehen, die von der Natur des tönenden Instruments herrührt, und dies gibt der Kunst ein Mittel eine ursprüngliche, undefinirbare und doch sehr bemerkliche Individualität in ihre Productionen zu bringen.

§ 26.

Fragen wir nun, was mit diesem Material der Tonwelt angefangen wird, so werden wir die erste (§ 23, 3a) an jedes Kunstwerk gerichtete Forderung, die Andeutung eines Reiches allgemeiner Gesetze, die nicht ausschließlich ihm, sondern ganz ebenso unzähligen andern Erscheinungen neben ihm gelten, durch die Anwendung des Taktes erfüllt sehen. Als ein Zeitmaß nämlich, dessen Perioden sich nicht nach dem Inhalt der Musik richten, sondern ganz gleichgültig gegen denselben ihre Cäsuren in ihm anbringen, erscheint der Takt als das allgemeine Schicksal, das in seiner eigenen Gesetzmäßigkeit alles Endliche in sich faßt, aber für keines mehr Vorliebe hat als für das andere.

Die Anwendung des Taktes wird, wie die Metrik der Poesie, nach dem beabsichtigten Eindruck verschieden sein. Sie ganz zu vermeiden würde den unkünstlerischen, beängstigenden elementaren Eindruck hervorbringen, den etwa die Naturtöne machen. Den Takt besonders zu accentuiren schärft zwar den Eindruck allgemeiner Gesetzlichkeit; aber dieser wird bald erhaben sein, wo die Musik die freiwillige Unterordnung an sich tüchtiger Thätigkeit unter ein an sich ernstes Schicksal ausdrückt (Militärmusik), bald durchaus langweilig, wo (wie in der Tanzmusik) ein an sich nichtiger Inhalt sich dem unendlichen herkömmlichen Schlendrian anzubequemen scheint. Ein Zurücktreten des Taktes in der Composition und im Vortrag werden die religiösen Musiken verlangen, die Das ausdrücken sollen was eben sich selbst Gesetz ist, und andere (wie Recitative), die ausdrücklich ein liebevolles Eingehen auf eine einzelne Entwickelung beabsichtigen und durch die Erinnerung an deren Nichtigkeit vor dem allgemeinen Gesetz gestört würden.

§ 27.

Das Zweite, was wir verlangen müssen, ist (§ 23, 3b) die specifische Lebendigkeit, die sich in diesen Schranken entwickelt.

Wir finden sie natürlich in der Melodie. Allein diese selbst können wir für nichts Anderes halten als für eine Auflösung eines einfachen Accordes — wenigstens in ihren einfachsten Beispielen. So wie jedem lebendigen Geschöpf ein Gattungs- typus zu Grunde liegt, den alle seine späteren Bewegungen und Handlungen auf eine individuell charakteristische Weise entwickeln und benutzen, ebenso erscheint die Melodie als eine individuelle und charakteristische Neigung, die in der Harmonie des Accords lie- genden Beziehungen zu entwickeln und auszubeuten.

Die bloße Beweglichkeit des Hin- und Hergehens der Töne würde keinen musikalischen Eindruck machen, so wenig als die Naturgeräusche, in denen die größte Mannigfaltigkeit der Ab- wechslung herrscht. Aber sie gehen nicht von einem Grundton aus, halten sich nicht innerhalb des Gattungstypus einer einzelnen Tonart; ihre Töne treten nicht auf als Mittelglieder und Vorbe- reitungen zur Auffindung harmonischer Intervalle, an denen sie wie in festen Punkten ruhen könnten; sie gehen endlich nicht in einen Grundton zurück und geben deshalb nicht den Eindruck einer zwar freien, aber doch durch die Idee einer Gattung organi- sirten Entwicklung. Die Melodie thut alles das, und ihr Ein- druck ist völlig daran gebunden, daß der Lauf der Töne nicht in's Ungemessene Blaue geht, sondern stets um die Elemente eines ursprünglichen Accordes, wie um den Quell ihrer ganzen Lebendig- keit gravitirt.

§ 28.

Das Wesentliche der Melodie besteht nun natürlich gerade in der besonderen Form der Bewegung, mit der sie die feststehen- den Töne ihres Accordes umspinnt.

Obwohl daher der eigenthümliche Reiz einer bestimmten Me- lodie niemals durch logische Betrachtungen erschöpft werden kann, so wendet doch die Musik eine Menge oft wiederholter gebräuchlicher Figuren des Fortschritts an, deren ästhetischen Eindruck man doch

auf irgend einen Gedanken müßte zurückdeuten können, was bisher
wenig geschehen ist.

So wird z. B. das Durchlaufen der ganzen Scala in
gerader Linie, besonders da, wo es als Contrast gegen ver-
wickeltere Bewegungen der Melodie auftritt, durch die kräftige und
einfache Erinnerung an die gesetzmäßige Gliederung der Tonart
wirken. Ebenso wird die Theilung eines Intervalls durch
einen oder mehrere harmonische Zwischentöne, die für die
Melodie zu Ausgangspunkten kleinerer, secundärer Bewegungen werden, den Reichthum und die Festigkeit dieser Gliederung noch ein-
bringlicher machen. Die Gewohnheit ferner, den Ton, den man
sprungweis zu erreichen sucht, zunächst nicht zu erreichen, sondern auf dem nächst höhern oder tiefern momentan zu ruhen und
dann erst zu jenem zu gelangen, wirkt offenbar deshalb so eigenthümlich, weil es die allgemeine Wirkungsweise lebendiger Kräfte
im Gegensatz zu unbewußt mechanischen ist, welche letztern
ihr Ziel ohne Umschweife genau erreichen, während die ersten ihren
Anlauf zu weit oder zu kurz nehmen.

Eine solche Zurückführung der musikalischen Figuren auf die
Gründe ihres ästhetischen Eindrucks wäre freilich vorzugsweise werthvoll in Bezug auf die Compositionsregeln, durch welche die einfachen, elementaren Melodien selber zu einem größeren
künstlerischen Ganzen entwickelt werden.

§ 29.

Bei der Ausbildung der Melodie findet sich als eine für unsere
Befriedigung nothwendige Bedingung die Ausweichung in eine
andre und nach bekannten Gesetzen bestimmte Tonart, mit end-
licher Rückkehr in die vorige.

Worauf diese fühlbare Nothwendigkeit beruht, ist nicht klar,
wohl aber der Grund des ästhetischen Eindrucks, den der Gebrauch
dieser Ausweichungen macht, und der darin besteht, daß hier, wie
in allen andern Künsten, der gesetzliche Bau eines Ganzen um viel

wirksamer hervortritt, wenn man ihn nicht blos in seinen ursprünglichen Proportionen, d. h. in denen, die nothwendig zu seinem
Inhalt gehören, sondern auch unter solchen Bedingungen auffaßt,
unter denen sein Gleichgewicht gestört zu werden droht, aber nicht
gestört wird, sondern sich aus dieser Ablenkung mit vollkommner
Elasticität in seine frühere Form zurückzieht oder durch entgegen-
gesetzte Veränderungen den Eindruck der einen Störung compensirt.

§ 30.

Zu diesen Mitteln, die eigentlich in der Natur der Töne
liegen, kommen mannigfaltige metrische Verhältnisse, in denen sich
weit allgemeinere, auch in allen andern Künsten wiederkehrende
Forderungen des Gefühls aussprechen. So ist es nothwendig, daß
die Melodie nicht blos überhaupt zu ihrem Grundton zurück-
kehrt, sondern daß ihr Rückweg von dem weitesten Ablenkungspunkte
dem Hinweg zu diesem an äußerlicher Ausdehnung (also an Zeit-
dauer) das Gleichgewicht halte, und daß er ferner nicht in ganz
neuen beziehungslosen Formen der Bewegung zurückgelegt werde,
sondern die Formen des Hinweges umgekehrt wiederhole — eine
Forderung, die wir z. B. ebenso an die rechten und linken Zweige
etwa einer Arabeske und dergl. stellen.

Durch diese metrischen Mittel, die eben auch an den Metren
der Poesie beobachtet werden können, wird nun auch für die innere
Ausbildung der Melodie eine unermeßliche Mannigfaltigkeit möglich,
auf die näher einzugehen hier aber unmöglich ist.

§ 31.

Die dritte Forderung (§ 23, 3c), die Bewegungen der specifischen Lebendigkeit in ihrer Uebereinstimmung mit einem sie bestimmenden höheren Plane darzustellen, wird in den Grenzen einer
einfachen Melodie schon durch die Coincidenz derselben mit einer
hinzugefügten harmonischen Begleitung erfüllt. Sobald diese
in nichts besteht als in der bei den Haupttönen der Melodie wieder-

holten Angabe der Accorde, deren successive Entwicklung diese selber
ist, werden wir nur den einfachen Eindruck einer elementaren Nothwendigkeit erhalten, mit der das Individuelle übereinstimmt. Die
höhern Formen der Musik werden darauf ausgehn müssen, diese
Begleitung selbst zu beleben, und dadurch übergehn in ein Geflecht
von verschiedenen Melodien, für deren Zusammenhang wir
nur sehr wenige allgemeine ästhetische Gesichtspunkte aufstellen können.
Auf welche Weise da die Melodie durch Uebertragung in andere
Tonhöhen Tonarten Rhythmen, durch vervielfältigte Wiederholung
der in ihr selbst liegenden Motive, endlich durch Verbindung Durch-
kreuzung und Verarbeitung mit andern ihr ursprünglich fremden
zu einem größeren Ganzen entwickelt werden kann, muß der tech-
nischen Theorie der Musik überlassen bleiben.

§ 32.

Wenn sich endlich fragt, welches die eigentlichen Aufgaben
der Musik sind, so ist zuerst klar, daß sie nie concrete Gestalten,
bestimmte Zustände und Ereignisse darf schildern wollen,
da keine Combination von Tönen einen Gattungsbegriff oder eins
jener bestimmten Verhältnisse, die in der Satzbildung der Sprache
durch Flexionen und Partikeln angedeutet werden, auszudrücken vermag, die Verständlichkeit aber jedes Ereignisses gerade auf der scharfen
Zeichnung dieser Beziehungspunkte beruht.

Von allen natürlichen Ereignissen wird vielmehr die Musik
nur die Form ihres Ablaufs und der Verknüpfung ihrer einzelnen
Momente unter einander durch ähnliche Verknüpfungen zwischen den
Tönen nachahmen können. Da sie mithin den bestimmten Inhalt des Nachzuahmenden hinwegläßt, so wird die Form der Bewegung, die sie allein festhält, allemal etwas Allgemeineres sein,
als das Nachgeahmte, und wird die Phantasie nicht an dieses ausschließlich, sondern an die ganze Mannigfaltigkeit aller der verschiedenen Erscheinungen oder Kräfte erinnern, die in derselben allgemeinen Form thätig sind.

Die Musik eignet sich deshalb allenthalben zum Ausdruck der übersinnlichen und allgemeinen Kraft, die zwar fähig ist besondere Gestalten aus sich zu erzeugen, aber sie noch nicht aus sich erzeugt hat.

§ 33.

Es ist ferner klar, daß die Musik nicht fertige Gefühle, sondern nur Tonfiguren überliefern kann, durch welche sie zunächst blos die Daseinsform irgend eines Wirklichen oder eines Ereignisses malt, während sie gerade den eigenthümlichen Inhalt eines bestimmten Gefühls durch diese Figuren allein nicht ausdrücken kann. Dieselbe Melodie läßt sich ohne Zweifel oft ganz entgegengesetzten Gemüthszuständen, der Lust und der Verzweiflung, des Zornes und der Liebe gleichmäßig gut anpassen. Sie malt also nicht diese Gefühle direct, sondern auch hier nur die Form, welche dieselben als Bewegungen unseres Gemüths haben, z. B. die Stetigkeit oder Unstetigkeit, die größere oder geringere Geschwindigkeit und Elasticität, den größeren oder geringeren Reichthum der Abwechslungen der inneren Zustände, die mit einem Gefühl verbunden zu sein pflegen und hinsichtlich deren allerdings Lust mit Verzweiflung, Zorn mit Liebe ganz gleich gebaut sein können.

Nennen wir daher 'Gefühle' nur diese bestimmten auf ebenso bestimmte Objecte Erinnerungen oder Erwartungen bezogene Zustände, so kann die Musik sie nicht darstellen, sondern sie wird ebenso wie oben ein Allgemeineres ausdrücken und daher den Zuhörer je nach der zufälligen Richtung seines Gedankenganges bald an dieses, bald an jenes concrete Gefühl erinnern.[*)]

§ 34.

Man würde jedoch daraus unrichtig folgern[*)], daß die Musik überhaupt weder die Fähigkeit noch die Aufgabe hätte, Gefühle zu

---

*) vergl. Ed. Hanslick, Vom Musikalisch-Schönen. Ein Beitrag zur Revision der Aesthetik der Tonkunst. Leipzig 1854 [6. Aufl. 1881]. — Von Lotze besprochen in den Göttingischen gelehrten Anzeigen 1855 S. 1049—1068.

erzeugen. Denn das, was sie uns unmittelbar darbietet, jene allgemeinen Formen der Verknüpfung, der Stetigkeit oder Zerrissenheit,
der Consequenz oder Willkür, der Strenge oder Weichheit, des harmonischen Fortschritts und der Abweichung daraus, die Möglichkeit
endlich, überhaupt aus dieser Mannigfaltigkeit wieder zu einer gesetzlichen Entwicklung zurückzukehren — alle diese Formen sind nicht
blos unterhaltende Schauspiele für unsere gleichgültige E r k e n n t -
n i ß, sondern sie können selber in dieser abstracten Aufzählung nicht
vorgestellt werden, ohne sogleich an das tiefe G l ü c k zu erinnern,
welches eben in der Möglichkeit und in der wirklichen Herrschaft
solcher Formen über den Lauf der Welt liegt.

Jene 'Configuren' erinnern uns daher nicht blos als a n
s i c h w e r t h l o s e F o r m e n an den werthvollen Inhalt, der in der
Welt sich in ihnen verwirklicht, sondern diese 'Figuren' erscheinen
(namentlich wo sie, wie in der Musik, mit dieser Mannigfaltigkeit
anschaulicher Erscheinungen vor uns treten) unmittelbar als die a n
s i c h a b s o l u t w e r t h v o l l e Grundlage, auf der jedes andere concrete Glück oder Gefühl sich erst entwickeln kann.

§ 35.

Die Musik erfüllt hierdurch auf die kraftvollste Weise eine Aufgabe, die den übrigen Künsten nur annähernd zu erfüllen möglich
ist. Obwohl wir nämlich zugeben, daß unsre bestimmte menschliche
Organisation und die ebenso bestimmte Gestaltung der Außenwelt,
mit der wir in Wechselwirkung sind, uns einen großen Theil unserer
werthvollsten inneren Entwicklungen und unseres äußeren Glückes
erst möglich machen, so ist diese Organisation doch andererseits eine
S c h r a n k e für uns, die uns hindert, uns in das Innere ganz
a n d e r s g e a r t e t e r Geschöpfe zu versetzen oder etwa das träu-
mende Leben mitzugenießen, das wir überall durch die Welt, selbst
in dem Unbelebten, voraussetzen.

Die Musik überwindet diese Schranke; und während sie einerseits ganz unfähig ist, die concreten Gattungstypen und Ereigniß-

formen der geschaffenen Welt, der natura naturata, darzustellen, ist sie um so mehr befähigt, das innere Leben und Weben der schaffenden Welt, der natura naturans oder jener Alles durchbringenden Weltseele zu schildern, wie sie, ohne noch etwas Bestimmtes zu schaffen, sich spielend der unendlichen Mannigfaltigkeit Beweglichkeit und Harmonie ihrer schöpferischen Kräfte erfreut.

Hierdurch ist die Musik eines Theils auf das Vorzüglichste geschickt, dem blos nach außen gerichteten Leben ein Gegengewicht der Versenkung in das allem Einzelnen zu Grunde liegende Göttliche zu geben; aber ebenso liegt ihr die Gefahr nahe, durch beständige Abwendung von den scharfgezeichneten Formen der Wirklichkeit, welche die Objecte unseres Handelns sind, einen entnervenden Einfluß auf die Bildung des Geistes zu üben.

Viertes Kapitel.
Baukunst.

§ 36.

Die Baukunst wird zwar durch Zwecke bestimmt, aber ihr künstlerisches Gepräge braucht doch nur den allgemeinen Charakter dieser Zwecke, z. B. den kriegerischen kirchlichen ꝛc. auszudrücken, und sie ist deshalb in der Entwicklung ihrer Formen nur durch die allgemeinste Aufgabe beschränkt, die Umschließung eines Raumes und meist auch seine Bedachung zu bewirken.

Da sie dies nur durch schwere Massen vermag, so wirken alle ihre Formen nicht durch ihre bloße stereometrische oder malerische Schönheit, sondern nur durch die mechanische Bedeutung, die sie als Massenformen haben, indem sie die Richtungen bezeichnen, in denen entweder die Schwere oder ihr widerstrebende Kräfte thätig sind.

So lange in einem Bauwerk solche einzelne Linien der Kraft nicht unterschieden sind, die auf einander bezogen den Eindruck eines organischen Systems zusammenwirkender Thätigkeiten gewähren, so lange fällt es nicht in den Bereich der Baukunst und hat nur culturgeschichtlichen Werth (wie z. B. Pyramiden). Die eigentliche Kunst beginnt immer mit dieser Gliederung, indem sie

1. durch mannigfache Formen an das allgemeine Gesetz der Schwere erinnert, dem das ganze Leben des Bauwerks und zugleich der übrigen Natur unterthan ist, an die dasselbe sich so als Theil der Wirklichkeit sogleich anschließt; indem sie

2. in dem, was wir 'Stil' nennen, eine specifische consequent festgehaltene Gewohnheit des Uebergehens von einem Element zum andern, oder von dem Träger zur Last ausprägt; indem sie endlich

3. in dem Plan des Gebäudes die Concentrirung einer möglichst mannigfachen Anzahl lebendiger Elemente zu einem einzigen übersichtlichen Organismus bewirkt.

§ 37.

Der erste bestimmt ausgebildete 'Stil', der der griechischen Säulenbaukunst, hebt im Ganzen den Gegensatz zwischen Träger und Last entschieden und ohne Vermittlung, die nur im Kleinen eintritt, hervor.

Er vertheilt die Function des Tragens zu dem Zweck auf einzelne Stützen, die Säulen, deren vertical aufsteigende Kraft die rechtwinklig darüber gelegte Last, das Gebälk, trägt.

An der Stelle, wo Stütze und Last zusammentreffen, wird der Uebergang aus dem Verticalen in's Horizontale allerdings durch eine dazwischen gestellte schiefe Fläche, die mit krummliniger Begrenzung gebildet wird, vermittelt — Capitell (Kapitäl). Allein dieses Mittelglied hat so geringe Dimensionen, daß es jenen Hauptgegensatz für den Totalanblick nicht aufhebt.

§ 38.

Wir finden in diesem Stile Grundsätze angewandt, die für alle Baustile mit wenig Modificationen gelten müssen.

Zunächst sind alle unteren Theile des Bauwerks sowie der einzelnen Säule durchaus schlicht und einfach gehalten. Die reichste Entfaltung tritt dagegen in der Zone auf, wo die entgegengesetzten Kräfte in Conflict kommen (Capitell und Fries — κυμάτιον).

Man findet ferner eine Hervorhebung der Linie, in der eine Kraft wirkt, durch Multiplication der Umrisse. So die Kannelirung der Säulen, die Verticalschlitze der Triglyphen — wodurch der Ausdruck der tragenden Kraft erhöht wird, während dagegen eine ähnliche Theilung der Last in horizontale Schichten den Charakter der Last vermindert, indem sie den Eindruck eines wechselseitig-Getragenwerdens und eines weniger massenhaften Druckes auf die Stütze erweckt (ionisches und korinthisches Gebälk).

Ganz allgemein sehen wir ferner hier, wie im gewöhnlichen Leben, große Sorgfalt auf die deutliche Bezeichnung der Enden jedes einzelnen Gliedes verwendet. Ebenso wie man im Hausgebrauch für alle möglichen Grenzen, Kanten und Umrißlinien Saum und Besatz anwendet, während man die Mitte unverziert läßt, sehen wir auch in der Baukunst das Ende eines Gliedes (einer Säule z. B.) durch mehrere Ornamente, Bänder Einschnitte Riemchen, kurz vor seinem Eintritt angedeutet, sowie den Zwischenraum zwischen zwei wesentlich verschiedenen Bautheilen durch ein kleines niedriges zwischen ihnen hervorragendes Glied (eine Platte, Abacus zwischen Säule und Gebälk) ausdrücklich hervorgehoben.

Ferner wird in den Umrißlinien des Baues die Abwechslung vor- und zurückspringender Glieder da, wo zwei Haupttheile an einander stoßen, beständig angewendet, ebenso wie in der Musik vor Schluß der Melodie der Accord, in dem man zur Ruhe kommen will, mehrmals mit Abweichungen von ihm wechselt. Besonders nothwendig wird ein endliches Hervorragen der Lastlinien nach den Seiten zu über die Kanten der Träger sein, und diese Auslabung finden wir in allen guten Werken dieses Stils vortrefflich beobachtet, während sie in andern Stilen, deren Grundgedanke nicht mehr dieser scharfe Gegensatz zwischen Kraft und Last ist, nicht mehr in gleicher Weise nöthig ist.

§ 39.

Was die Ornamente betrifft, so finden wir außer denen, die geradezu den constructiven Sinn der einzelnen Glieder hervorheben (z. B. Kannelirungen), mit Vorliebe besonders die kleineren Zwischenglieder zwischen verschiedenen Haupttheilen mit theils gemalten, theils gemeißelten Ornamenten bedeckt, welche meist die Profillinie des Gliedes auf seine Länge wiederholt auftragen und dadurch stets eine zusammenhängende und fortlaufende Reihe eines und desselben Musters hervorbringen (Mäander, Tänien, Eier- und Perlenstäbe, Blattkränze u. dergl.).

Außer diesen finden sich völlig frei modellirte Ornamente nur an wenigen Hauptpunkten, an den Ecken und Spitzen des Gebäudes (Akroterien), und malerische hauptsächlich an den Theilen, die nicht zu dem eigentlichen constructiven Gerippe, sondern zu den Ausfüllungsstücken des Gebäudes gehören. Endlich sind für plastische Bildwerke die freien Räume des Frieses und des Giebels aufbewahrt, während die constructiven Theile (wie der Säulenschaft und der Architrav) nur in ganz barbarischen Zeiten mit Ornamenten bedeckt sind.

Die Zone der meisten und ausdruckvollsten Ornamente läuft also in der mittleren Höhe des Ganzen hindurch, da wo die stützende Kraft der Säule mit der Last des Dachgebälks zusammenstößt.

§ 40.

Im Ganzen kann der griechische Säulenbau wegen der durchgängigen Consequenz in der constructiven Verbindung der Elemente, der Vermeidung alles Willkürlichen, der Mannigfaltigkeit der schönsten Proportionen, der Anmuth und richtigen Anwendung der Ornamente für eine durchaus vollendete Auflösung eines, an sich freilich nur kleinen, architektonischen Problems gelten.

Nämlich mehr als eine Säulenhalle zur ästhetischen Umgebung eines Raumes kann er eigentlich nicht liefern. Selbst in

dem Tempelbau läßt er das eigentliche Haus, die 'Cella', ästhetisch ungegliedert hinter sich und tritt nur, als eine schöne Decoration nach Außen, vor dieselbe.

Sehr große Räume zu umfassen hindert ihn in der Längen-
ausdehnung die Monotonie der Säulen, die sich immer gleich wiederholen, und der ungebrochen fortlaufenden Gebälllinien, in der Höhenausdehnung die Nothwendigkeit, den Zwischenraum zwischen zwei
Säulen mit einem einzigen Stein zu überdecken, was nur ein be-
schränktes Intervall, und also auch nur beschränkte Höhe der Säulen
gestattet, während anderseits Säulenreihen über einander zu
stellen keinen ästhetisch befriedigenden Eindruck macht, weil zwar der
Ursprung der untersten aus der Masse des Erdbodens wahrscheinlich-
lich, die Entstehung der zweiten dagegen aus dem Gebälk über der
ersten unklar und befremdlich ist.

Die Rechtwinkligkeit zwischen Säule und Architrav führte auch
zu rechtwinkligen parallelogrammen Grundrissen, in welchen
jedesmal eine Seite ihr vollkommenes Ebenbild sich gegenüber hatte;
und jedes Hervortreten oder Zurückspringen anderer Bautheile in
lebendigen und eigenthümlichen Anschlußformen und Winkeln, so
wie jede eigentliche architektonische Gruppirung wesentlich diffe-
renter Glieder zu einem organisirten Ganzen ward dadurch ausgeschlossen, wie denn zugleich in dem räumlich sehr beschränkten Innern keine Mannigfaltigkeit der Perspectiven, keine
Vielheit sich verändernder Aussichten von verschiedenen Standpunkten
sich darbot, ebenso wie endlich außerhalb das Gebäude nur an
dem Giebel einen ausgezeichneten Punkt besitzt, während es sonst
überall sehr schöne Elemente in einer etwas monotonen Weise
wiederholt.

Es fehlt daher diesem Stil nicht blos an Mannigfaltigkeit, sondern auch an der Anlage dazu und an allem Geheim-
nißvollen, das z. B. in der ägyptischen Baukunst in weit
schlechteren Formen vorhanden war und in spätern Stilen in bessern
Formen wiederkehrt.

§ 41.

Das zweite allgemeine Princip der Baukunst ist das der Wölbung, durch welche das Dach sich selbst zusammenhält. Denn freilich nur als Dach kann sie zunächst benutzt werden, da der ästhetische Eindruck stets verlangt, daß wenigstens eine Strecke weit das gerade Aufstreben der Kraft, der Schwere entgegen, durch einen verticalen Unterbau lebhaft ausgedrückt werde. — Der Unterschied der verschiedenen Gewölbstile beruht hauptsächlich darauf, wie sie diesen Unterbau mit dem Schlußgewölbe in Verbindung setzen.

Der Seitendruck, den jedes Gewölbe auf seinen Unterbau ausübt, macht technisch die Verstärkung desselben, die aber auf einzelne von einander getrennte Widerlager vertheilt werden kann, nothwendig und führt dadurch von selbst zu centralisirten Grundrissen, indem sich um den Hauptkörper des Baus jene Widerlager gruppiren, die dann, nachdem sie einmal da sind, leicht unter einander durch weitere Zwischenglieder zu nutzbaren Räumen verbunden werden konnten. So geht daraus schon eine Neigung zu mannigfaltiger Gruppirung im Grundriß und ein Motiv für ungleiche Höhenausdehnung der einzelnen Theile hervor, sowie im Innern eine Mannigfaltigkeit der Perspectiven durch die Mehrheit der mit dem Hauptraum in Verbindung gesetzten Nebenräume.

§ 42.

Die römische Architektur verband den von den Etruskern überkommenen Gewölbbau mit dem griechischen Stil zu einem großartigen effectvollen aber unorganischen Ganzen.

Der Unterbau war massives Mauerwerk, an dem Säulen nur als decorative Elemente auftreten, um die sonst ungegliederte Monotonie einzutheilen, aber ohne die Bestimmung, vorzugsweis etwas zu tragen. — Sie treten ferner als Porticus oder Säulenhalle äußerlich an das Gebäude.

Auf dem Unterbau nun ruht das meist tonnenförmige Gewölbe fast nur als eine Last, durch ein Architrav-ähnliches Gesims als seine nächste Unterlage von dem Unterbau völlig getrennt, in sich selbst ohne eine Eintheilung, die dem Sinne seiner krummlinigen Fläche entspräche, meist durch cassettenartige Decorationen verziert.

Durch alles Dies ist mithin keine eigentlich organische, aber wohl eine sehr prachtvolle und gewaltige Innenarchitektur möglich geworden, die dem griechischen Stil fehlte. Dagegen hat der römische für die Außenseite weder eine neue Form gefunden, noch in der entlehnten griechischen eine mit dem Innern übereinstimmende getroffen.

§ 43.

Der byzantinische Stil enthält insofern einen Fortschritt, als er für das Gewölbe in einzelnen mächtigen aufstrebenden Pfeilern besondere eigenthümliche Träger bildet und sie durch große Bogen unter einander verbindet. Aber zuletzt tragen auch diese Stützen ein horizontales Gesims von Halbkreisform, über das hinauf sie sich nicht fortsetzen, sondern auf dem nun die flache architektonisch völlig ungegliederte Kuppelwölbung als ein neuer, fremder Theil aufliegt.

Die großen Dimensionen dieser Kuppeln, die Ausfichten in die Halbkuppeln, die häufig in die Hauptkuppel einschneiden und einen Theil ihres Seitenschubs auf secundäre Pfeiler übertragen, die Communication des Hauptraumes zwischen den Pfeilern hinburch mit den Nebenräumen, die Säulen-Arcaden, welche die Zwischenräume der Pfeiler beleben, und die ursprünglich große Pracht des Materials und Schmuckes bringt einen großen aber mehr malerischen als architektonischen Eindruck hervor; und weder im Aeußern noch in dem Ornament hat der byzantinische Stil schöne und mit seinem Princip zusammenhängende Formen entwickelt. — Seine weitere Um- resp. Verbildung im Russischen und im Orient hat zu abenteuerlichen Formen geführt.

§ 44.

Der romanische Stil, der in sehr vielfache Varietäten zerfällt, führt im Allgemeinen die massiven Pfeiler nicht blos als Träger in die Höhe, sondern läßt sie, ohne einen allgemeinen Horizontalsims, unmittelbar in die mächtigen Bogen übergehn, durch welche die einzelnen Pfeiler unter einander und zwar diagonal so verbunden werden, daß die Wölbung in einzelne Gewölbkappen zerfällt, die nun als Füllung zwischen diesen Ausläufern der Pfeiler liegen, nachdem durch diese die Form des Gebäudes bis zu seinem Abschluß in der Höhe vorgezeichnet ist.

Auf ähnliche Weise werden die Nebenräume in geringerer Höhe überwölbt. Und damit steht in Verbindung, daß überhaupt die Kreisform im Grundriß (sowie in der Bedachung) nicht mehr als solche hervortritt, sondern gebrochen in ein Polygon (meist Achteck) nur noch angedeutet wird. Und die Wölbungen treten außen nicht mehr als Kuppeln auf, sondern sind meist durch Pyramiden verdeckt.

Der Rundbogen der Wölbungen wird consequent im ganzen Bau, in Portalen, Fenstern ꝛc. angewandt und zugleich in außerordentlicher Mannigfaltigkeit der Modellirungen als Ornament überall wiederholt.

In den Außenformen liebt dieser Stil ein klares Hervortreten kräftiger Massen mit großen Eintheilungen, vermeidet die horizontalen Gesimse nicht, sondern bringt sehr häufig selbst bis zur Unschönheit äußere Merkmale eines zuweilen nicht einmal vorhandenen Etagenbaues an, meist indem jedes Stockwerk durch ein mit Rundbogenornamenten verziertes Gesims bezeichnet wird.

§ 45.

Der ästhetische Charakter des gothischen Stils, abgesehen von den geschichtlichen Eigenheiten, die er in seiner Entwicklung annahm, wird mit Recht darauf zurückgeführt, daß er nur noch den

Eindruck einer frei und lebendig aufstrebenden Kraft, aber kaum noch den eines Kampfes derselben mit einer ihr fremden Last gewährt. — Dieser Eindruck beruht auf folgenden Elementen:

Die Pfeiler, die im romanischen Stil noch einfache prismatische Form hatten, erhalten ein mannigfaltigeres Profil, indem an ihrer Außenfläche dünnere, schlanke Halbsäulen hervortreten, die, durch Einziehungen zwischen ihnen von einander getrennt, an dem Hauptkörper des Pfeilers schon von unten auf die Linien andeuten, in denen die einzelnen in ihm vereinigten Kräfte nach oben streben. Aus diesen Säulen entspringen oben die einzelnen Gewölbrippen, und zwar nicht wie im romanischen als breite Bänder, die ihre Breitseite nach unten richten, sondern als schmälere Bogen von ziemlich dreieckigem Durchschnitt, die eine häufig noch durch eine Einziehung besonders hervortretende scharfe Kante nach unten gerichtet. Diese einzelnen Rippen oder Gurtungen verbreiten sich nun, sich kreuzend und zertheilend, in ein oft reich ausgebildetes Netzwerk, in dessen Maschen die so vielfach zerstückelten und eingetheilten Flächen der Decke ihren Charakter als ausgedehnte Last ganz verlieren.

Im Aeußern bildet allerdings das Dach eine gewöhnlich sehr massenhafte Last; aber der übrige Bau ist so geordnet, daß durch eine Menge von Theilen, Thürmen und Giebeln, Fensterbekrönungen ꝛc. die horizontale Linie des Gesimses unterbrochen und verdeckt wird, so daß im Ganzen der Eindruck einer Kraft entsteht, die überall über die Last hinauswächst.

Die Anordnung des Gewölbes gestattete seinen ganzen Druck auf die Pfeiler zu concentriren, so daß nur für diese ein starkes Widerlager nöthig war. Deshalb wurden einzelne Strebepfeiler gebildet, die als untergeschobene tragende Kräfte aus dem äußern Umriß hervortreten, während die unlebendigen Mauermassen zwischen ihnen immer mehr verschwinden. Mächtige Fensteröffnungen nehmen ihre Stelle ein und der leere Raum dieser wird durch ein immer reicher ausgebildetes Maßwerk von verticalen und oben einander nach dem Muster der Gewölbgurte durchbringenden Stäben eingetheilt. — Dieser Charakter der durchbrochenen Massen ist es oft allein, der in kleinern Werken den Eindruck des Gothischen hervorbringt, wozu noch die allgemeine Vorliebe für die Hervorhebung des Verticalen und die Vermeidung aller stark ausgesprochenen Horizontallinien kommt, so daß auch durch diese bloßen Dimensionsverhältnisse der gothische Stil sich in allerhand kleinen Werken, Mustern u. dergl. verräth.

Nicht unwesentlich endlich ist der Spitzbogen, dessen aus zwei sich schneidenden Armen gebildete Form ästhetisch sich gar nicht zum Träger einer Last eignet, sondern nur zum Ausdruck frei endigender zuletzt in eine verticale Resultante ausklingender Kräfte, wogegen die in sich zurückgehende Krümmung des romanischen Rundbogens sich wieder nicht zum Abschluß, sondern nur zur Unterlage einer Last passend zeigt.

<h2 style="text-align:center">§ 46.</h2>

Neben dem Rundbogen und den aus ihm gebildeten Ornamenten wendet der romanische Stil noch ziemlich häufig antike Formen, besonders die Simsbildungen, weniger die Capitelle, an und sucht überhaupt in der Anordnung des ganzen Gebäudes eine klare und bestimmte Eintheilung in große leicht auf einander beziehbare Flächen hervorzubringen, so daß er durch diesen Charakter der Klarheit am meisten der Antike ähnelt. Im Innern gewähren die großen durch die Hauptwölbungen eingetheilten und begrenzten Flächen der Wände und Decken Gelegenheit zu einem reichen malerischen Schmuck, der hier weit mehr als die eigentlich architektonische Ornamentistik von Bedeutung ist.

Der gothische Stil kann nicht so die antiken Formen aufnehmen. Die Säulen, in ihrer Höhe sehr verlängert und an größeren Pfeilerbildungen nur secundär auftretend, verlieren mit ihrer constructiven Bedeutung auch ihre frühern gesetzlichen Formen und werden in freier Anmuth, doch immer als untergeordnete Theile behandelt. — Ein vollkommen f r e i e s, nicht mehr constructives Ornament kommt sehr reich angewandt vor, verschwindet aber in seinen Dimensionen fast ganz gegen die großen Massen des Baus und erscheint nur als eine Art secundärer Schmuck, der auf eine andere eigentlich-architektonische Gattung von Ornamenten aufgesetzt ist.

Diese letztere Verzierung besteht in der Art, wie der gothische Bau überhaupt nicht, von Anfang an, gleich dem romanischen den Eindruck eines einzigen, individuellen Lebens macht, sondern den einer Association unzählbar vieler, von denen jedes sein eigenthümliches Leben hat, mit den übrigen zwar sich zu der Einheit eines Planes verbindet, dabei aber auch sich in sich selbst gliedert und zuletzt frei endigt. Namentlich an der Außenseite wird dieser Eindruck durch die mannigfachen aufstrebenden Pfeiler, Thürmchen und Giebel bewirkt, die sämmtlich nach dem allgemeinen Princip des Stils wieder als A g g r e g a t e einzelner Theile erscheinen, sich in verschiedenen Höhen von dem Ganzen ablösen und endigen, und ebenso ihre eigenen Theile in verschiedenen Höhen endigen lassen.

Beiden Stilen gemeinsam ist dagegen die Sorgfalt, mit der sie F e n s t e r und T h ü r e n nicht als bloße Oeffnungen der Mauer behandeln, sondern ihnen eine bestimmte, dem Stil angemessene, reich hervortretende Begrenzung, der gothische selbst die Bekrönung durch Giebel geben.

§ 47.

Der wesentlichste Bauplan der beiden letzten Stile, die Form der Kathedrale, hat sich aus einer Umwandlung der a n t i k e n B a s i l i k a entwickelt, eines Mauer-Oblongums, welches innen durch zwei Säulenreihen in drei Schiffe zerfiel, das mittlere breitere wahrscheinlich unbedeckt, die vordere schmale Seite zum Eingang, die hintere mit halbkreisförmigem durch eine Halbkuppel überbecktem Ausbau zum Tribunal des Richters bestimmt.

Der chriftliche Cultus verlangte Bedeckung des Ganzen, mußte deshalb das Mittelfchiff über die Seitenfchiffe erhöhen, um ihm oben Fenster zu geben; verließ darum die einfache Säulenstellung, fetzte über dem Architrav der beiden Säulenreihen hohe verticale Wände auf, das Dach zu tragen und die Fenster zu enthalten. Für die Bedürfniffe des Cultus grenzte man dann eine Strecke des hinteren Theils vom Schiff gegen den vordern ab, verbreiterte dann diefes fo gewonnene 'Sanctuarium' zu einem Querfchiff und dehnte zugleich das Tribunal zu einer längeren Fortfetzung des Langfchiffes über das Querfchiff hinaus aus. So entftand die Kreuzform, die fpäter faft immer festgehalten wurde.

In diefer chriftlichen Bafilika war eine lebendige Verbindung der Theile nur in der Längsrichtung der Schiffe, indem man von Säule zu Säule Bogen fpannte und erft auf diefen Arcaden den geradlinigen Sims und die Wand ruhen ließ. Quer über waren beide Wände nur durch den einen Bogen der 'Porta triumphalis' verbunden, der da, wo das Mittelfchiff in das Querfchiff einfchneidet, in mächtiger Spannung von der einen Säulenreihe zur andern überging und eine Perfpective auf die halbrunde Nifche gewährte, in der das Ganze dem Portal gegenüber abfchloß. Malereien, meift Mofaiken, füllten in fortlaufender Reihe die Wände über den Arcaden, über dem Triumphbogen und über der Nifche. Die Decke war entweder flach, oder ließ die Holzconftruction des Dachftuhles fehen. Eine eigenthümliche Außenarchitektur fehlte. —

Diefen Plan veränderten der romanifche und gothifche Stil theils durch ihr Princip der Wölbung überhaupt, theils dadurch, daß fie alle einzelnen Theile reicher gliederten, die einfache Halbkreisnifche in ein viel lebendigeres Polygon umwandelten, die Arme des Querfchiffes entweder zu Seitenportalen oder, mit gleichfalls polygonem Abfchluß, zu Kapellen verwandten, über der Kreuzung der Schiffe (der 'Vierung') eine gewöhnlich durch polygonen Unterbau geftützte [auch in der Richtung nach oben hin freilich die Halbkugel und das Runde, vergl. § 44, befonders außen blos

noch andeutende] meist achtseitige 'Kuppel' aufrichteten, die Vor-
derenden der Nebenschiffe mit zwei entsprechenden Thürmen be-
setzten, die Mitte der Façade zwischen ihnen zu einem reichen
Portal benutzten.

Mancherlei Abweichungen von diesem Plane kommen vor, z. B.
fünf Längsschiffe, nur ein Mittel-Thurm (eine aus mehreren Gründen ungünstige Stellung). Manche andere Theile treten noch hin-
zu, wie einzelne Thürmchen in den Außenwinkeln der sich kreuzenden Schiffe ꝛc.

Am consequentesten scheint die Anordnung, welche den
Thürmen allein den Ausdruck einer völlig frei und ohne alle Last
aufstrebenden Kraft aufträgt, sie deßhalb zu den höchsten Punkten
des Ganzen macht, ihren Fuß nicht durch ein Portal unterbricht,
sondern massenhaft sein läßt, die Mittelkuppel als den Ausdruck
einer schützenden Bedachung über dem wesentlichsten Punkt des Gebäudes nicht ebenso hoch aber breiter sein läßt und dieselbe Tendenz des schützenden Abschließens in noch geringerer Höhe an dem
Chorschluß wiederholt.

§ 48.

Ganz andere Principien scheinen der maurischen Baukunst zu Grunde zu liegen. Sie ist nicht in allen Ländern gleich,
sondern hat die vorgefundenen Elemente der einheimischen Kunst
zu sehr verschiedenen Bildungen benutzt. Was ihr aber eigenthümlich ist und überall vorkommt, ist der außerordentliche Sinn für
einen eigenthümlichen decorativen Reichthum.

Er zeigt sich zunächst darin, daß die Mauern kaum noch als
solche behandelt werden sondern, wahrscheinlich aus Erinnerung an
vormaligen Zeltbau, fast nur noch als Vorhänge. Sie werden
als solche durchaus mit den reizendsten Mustern bedeckt, und anstatt constructiv gegliedert zu sein, sind sie auf eine passende und
geistvolle Weise so durch Vorsprünge, Nischen und andere Unter-
brechungen angeordnet, daß das ganze Innere mehr durch seine

mannigfaltigen Perspectiven, als durch irgend eine Erinnerung an eine architektonische Construction wirkt. Auch die äußerst schlanken Säulen, auf welchen Spitzbogen-Arcaden hoch aufgerichtet sind, erinnern mehr an Stützen eines hängenden Zeltes als an Träger schwerer Massen. Der schwungvolle elastische Hufeisenbogen hat bei aller Grazie, die er häufig besitzt, doch keinen recht constructiven Sinn, sondern erinnert mehr an die gewaltsame Oeffnung einer Spalte.

Die Außenarchitektur ist unbedeutend, wo sie nicht fremde Formen vorfand. Aber die Mauren waren Meister darin, großen Bauanlagen eine Mannigfaltigkeit malerischer, landschaftlicher und ähnlicher Schönheit zu geben, wie sie denn durch Innengärten, Höfe und Galerien die Natur und die Aussicht auf die Gegend mit in den Kreis ihrer Kunstmittel zogen.

§ 49.

Die Privatbaukunst kann nicht wie die monumentale den ganzen Ernst und die Schwere der Mittel benutzen, die in allen diesen Stilen vorkommt. Sie wird meistens von der eigenthümlichen constructiven Consequenz absehen müssen, und weder Säulen noch romanisch-gothische Pfeilergewölbe benutzen. Sie wird dagegen von dem 'Stil' den allgemeinen Charakter der Eintheilung und Gruppirung der Massen, sowie die decorativen Gewohnheiten entlehnen. Und sie kann dies allerdings; denn ihre Producte machen nicht den Anspruch, vollkommen individuelle, von einem Gesetz symmetrisch beherrschte, allem Zufälligen entzogene Einheiten zu sein. Vielmehr sind sie dann am schönsten, wenn sie, dem wirklichen menschlichen Leben entsprechend, eine bunte Mannigfaltigkeit von Bedürfnissen ausdrücken, für welche die menschliche Thätigkeit allmählig bequeme Formen der Befriedigung gefunden, — und zwar so, daß die einzelnen zufälligen Bestandtheile zwar ohne tieferen Sinn, aber mit Geschmack für anmuthige Formen im Aeußeren, für eine wohnliche Aneinanderreihung von Räumen im Innern und für

ein malerisches Verhältniß des Ganzen zu seiner Umgebung verbunden sind.

Es kommen daher hier neue Gesichtspunkte zum Vorschein:
anstatt der symmetrischen Abgeschlossenheit in sich das malerische
Zusammenschließen der Einzelheiten unter einander, der Contrast
der einzelnen Theile unter sich und mit der Umgebung, endlich
hauptsächlich jener eigenthümliche Ausdruck des ganzen Lebenscolorits
und der Sitte, wie wir ihn namentlich in historisch allmählig ent-
standenen Gebäuden der älteren Zeit vorfinden.

Fünftes Kapitel.
Plastik.

§ 50.

Wenn die Sculptur zuerst aus einem naiven Nachahmungs-
triebe entstand, so hat doch gewiß auch diesem schon ein Interesse
für die Einheit zu Grunde gelegen, die in der lebendigen Gestalt zwischen dem geistigen Innern und der körperlichen Erscheinung hervortritt, denn auf die Nachbildung des Lebendigen pflegt
sich jener Trieb eher zu richten, als auf die der unlebendigen bloßen
Form.

Wir setzen daher die Aufgabe der Sculptur darein, die Durch-
dringung eines individuellen geistigen Lebens mit seiner körperlichen
Organisation darzustellen, und zwar (wie schon früher bemerkt) so,
daß der Körper nicht blos leidend und als benutzbares Material
einem einzelnen Impuls des Geistes gehorcht, sondern in seinem
ganzen Bau als ein vollständiger Ausdruck für das Ganze dieses
individuellen geistigen Lebens erscheint.

§ 51.

Der ganz monumentale Charakter, den die Sculptur wegen
ihrer dauerhaften schweren und starren Stoffe (des Marmors,
Erzes ꝛc.) überall hat, verbietet von selbst als Object für ihre Dar-

stellungen das zu wählen, was durch seine geringere Bedeutung kein Recht auf eine so ewige Darstellung besitzt. Sie wird daher das blos Charakteristische, Genremäßige entweder ausschließen oder doch nur zu ihren Nebenwerken rechnen, ihren Höhepunkt dagegen immer in der Darstellung idealer Charaktere, oder vielmehr der sinnlichen Erscheinung solcher suchen müssen.

§ 52.

Man bemerkt aber ferner, daß für die Sculptur nicht die Handlung, sondern stets die Figur, welche handelt, die Hauptsache sein muß. Denn der Werth und Sinn der Handlung läßt sich durch die sinnliche Darstellung entweder gar nicht ausdrücken, sondern muß hinzugedacht werden, oder er gewinnt nichts durch sie.

Was in der Sculptur hinzukommen kann, ist die Darstellung der Art, in welcher entweder das geistige Leben der Figur sich in der Handlung als einer Gelegenheit äußert, oder wie diese oder ein Ereigniß überhaupt auf den Geist der Figur zurückwirkt und von ihm aufgenommen wird.

Ist nun die Handlung etwas sehr Bestimmtes und die Figur genöthigt, ihretwillen eine sehr bestimmte, specifische Stellung und Bewegung anzunehmen, so würde ein solches Sculpturwerk zwar wohl die Tauglichkeit der Figur zu dieser einen Handlung oder ihre Erregbarkeit durch dieses eine Ereigniß sehr deutlich machen, aber eben deswegen um so mehr das in Schatten stellen, worauf es viel mehr ankommt, nämlich die beständige und allseitige Tauglichkeit und Gewandtheit, mit welcher der Körper auch jeder möglichen anderen Anregung des Geistes nachkommen und jeden andern Reiz von Außen aufnehmen würde.

Allgemein also: die Figur darf nicht 'blos Träger der Handlung' sein, sondern nur so viel Handlung darf vorkommen, daß die Gestalt Gelegenheit hat, ihre vielseitige Trefflichkeit zum Ausdruck des Geistigen beispielsweise auszudrücken.

§ 53.

Ebensowenig wird die Gestalt als Symbol einer allgemeinen geistigen Eigenschaft, etwa einer Tugend, gelten
dürfen. Denn jeder organische Körper entspricht mit der Mannigfaltigkeit seiner Glieder nur einem individuellen, nach sehr verschie-
benen Seiten hin regsamen Leben, dessen Charakter niemals durch
eine einzige Eigenschaft ausdrückbar ist.

Jede Allegorie daher, die den Körper dazu benutzt, wird
zu wenig geistigen Gehalt haben, als daß sie jeden Theil der Gestalt von ihm als gesetzgebender Macht durchdrungen darstellen
könnte, d. h. der größte Theil der Figur wird eigentlich müßig sein.

§ 54.

Nothwendig ist aber ferner, daß nicht ein solches geistiges Leben
zur Darstellung gewählt wird, welches sich zwar in dem Körper einen
sehr vollkommenen und allseitigen Ausdruck geben kann, aber zugleich
durch die Ansprüche, die es an ihn stellt, seine Form aus ihren
natürlichen Proportionen in eine pathologische Charakteristik
hinausdrängt.

Solche Subjecte können der Poesie und Malerei dienen, weil
diese uns nicht geradezu durch das anschauliche Bild belebigen
oder wenigstens in der Umgebung oder der Erzählung, die sie hin-
zufügen, die Aufmerksamkeit von der Form wieder auf ihren werth-
vollern Inhalt zurücklenken. Der Sculptur sind am passendsten
Charaktere, deren Thun von selber den Körper nach seinem eigenen
Sinne weiter entwickelt und ihn in der Richtung seiner eigenen Proportionen idealisirt.

Soll dies in der Darstellung hervortreten, so muß man diese
Richtung selbst kennen, in welcher das natürliche Ideal der menschlichen Gestalt liegt, oder die Punkte, worauf ihre Schönheit beruht.
Und hier zeigt sich bald, daß sie als bloße Formenschönheit auf-
gefaßt eigentlich nur gering sein würde, und daß ihr unendlicher

Werth nur auf der Treue beruht, mit der ihre für den Anblick einfachen, aller Farbenpracht entbehrenden Umrisse die innere geistige Regsamkeit und ihre feinsten Nüancen widerspiegeln.

§ 55.

Im Allgemeinen drückt sich in der menschlichen Gestalt eine Art Dualismus zwischen dem Kopf, als dem alleinigen Sitz des Bewußtseins, und der ganzen übrigen Masse aus. Diese Formen, des Gegensatzes und doch zugleich der Verbindung, finden wir in der ganzen Thierreihe nirgends so wie in dem menschlichen Hals ausgeprägt. Alle Formen, welche beide Theile in einander verschmelzen lassen, wirken im Thierreich unheimlich.

Der Kopf des Menschen enthält keine activ hinausgreifenden, sondern nur passiv empfangende Organe, deren ideale Form daher nicht ein Hervorstehen, sondern möglichstes Verbleiben in dem allgemeinen Umriß des Kopfes ist. Den Körper umgibt kein zwar organisch erzeugtes aber nicht mehr lebendiges Bedeckungssystem, sondern die Haut erscheint durchgehends von der Wärme des Lebens durchdrungen, die Glieder nicht dünn, blos für das Bedürfniß berechnet, nicht wie anhaftende unorganische Werkzeuge, sondern in einer Fülle, die dem Thierreich gänzlich fremd ist. Ihre Anzahl aber ist gering und drückt, wie die Kleinheit des Kopfes und das ruhige Zurückliegen der Sinnesorgane, die sichere Herrschaft des Geistes über das Aeußere besser aus, als die Menge und übergroße Gelenkigkeit der Bewegungs- und Fangwerkzeuge namentlich der niederen Thiere. Der Anschein künstlerischer Maschinerie ist vermieden; nur in den Fingern kommt im Kleinen diese Beweglichkeit vor, die für die Lebenszwecke nicht fehlen dürfte, aber ebensowenig im Anblick übermäßig hervortreten. Allenthalben endlich finden wir sanfte und weiche Formübergänge zwischen den Theilen, die beweglich zusammenwirken sollen, aber scharfkantige Begrenzungen da, wo starre Theile zusammenstoßen, um durch ihre bloße Festigkeit verschiedene Functionen zu erfüllen.

Diesen Andeutungen, die sich leicht vermehren lassen, müßte das Bestreben der Idealisirung folgen und ist ihnen in der That gefolgt, so daß die Schönheit der Gestalt um so höher geschätzt wird, je mehr sie diese eigenen Tendenzen der organischen Form vollkommen auszuführen sucht (Verlängerung der Körperformen; nicht übermäßige Musculatur; Verkleinerung der Köpfe ꝛc.).

§ 56.

Eine unrichtige Art der Idealisirung würde es sein, überall nur das jugendliche Leben oder den Körper in der Fülle seiner Blüthe darstellen zu wollen. Allerdings sind höheres Alter und erste Kindheit physiologisch unvollkommene Lebenszeiten. Allein man stellt sie auch nicht dar um diese Unvollkommenheit, sondern im Gegentheil um zur Anschauung zu bringen, wie selbst in diesen Formen das geistige Leben nicht nur Mittel seines Ausdrucks überhaupt findet, sondern in ihnen selbst nach einzelnen Seiten hin sich charakteristischer als in jener vollen Blüthe äußern kann. So ist es der Greisen-Gestalt viel natürlicher als dieser noch blühenden, den Gewinn des ganzen vergangenen Lebens in einer Mannigfaltigkeit geistreicher Züge sprechend auszudrücken. Und die beginnende Ausbildung des geistigen Lebens im Kindes- und Knabenalter bietet ohne Zweifel eine Menge naiver und anmuthiger Beispiele dieser Harmonie von Körper und Seele, die dann nicht mehr so sprechend hervortreten, wenn diese Harmonie nach allen Seiten bereits festgestellt ist.

§ 57.

Die Stellung der Gestalt wird immer den Hauptzweck haben, die vollständige Fügsamkeit zu zeigen, mit der nicht nur der Körper dem geistigen Impulse gehorcht, sondern mit der auch jeder einzelne Theil durch entsprechende Gegenabweichung, Spannung oder Erschlaffung, die Verschiebung eines andern ausgleicht, so daß der Körper als ein äußerst sensibles und elastisches sich selbst ins Gleichgewicht setzendes System von Theilen erscheint, welche für ihre Zustände wechselseitiges Verständniß besitzen. — Eine sehr auffallende Handlung, für einen ganz bestimmten Zweck, würde diese Trefflichkeit nur einseitig, eben in Bezug auf diesen Zweck zur Anschauung bringen. Eine unbedeutendere Bewegung, vielleicht nur in einer leichten und bequemen Abweichung von der ganz nichtssagenden symmetrischen Stellung bestehend, läßt eine viel größere Mannigfaltigkeit solcher gegenseitigen Ausgleichungen hervortreten.

Die Stellung muß außerdem malerisch schön sein. Ihr Umriß soll nicht unter ein gar zu rationales geometrisches Schema fallen, die Glieder nicht parallele Lage haben, von der Masse des Körpers sich nicht unnöthig weit und nicht unter auffallenden rechten Winkeln, sondern mit allmähligem Uebergang entfernen; denn alle diese hier getadelten Bewegungen sind an sich schon dem menschlichen Körper nicht natürlich; und wo sie für einzelne Zwecke unentbehrlich sind, ist es besser diese Zwecke nicht darzustellen, als hier naturtreu zu sein.

Endlich wird die Stellung müssen eine dauernde sein können, und alle Darstellungen der Bewegungen, in denen ein Körper nur momentan sich erhalten kann, sind nicht eigentlich Gegenstände der Sculptur, deren ganz monumentale Arbeit immer eine Neigung zur Darstellung des Ewigen und immer-Bedeutsamen hat.

§ 56.

Am einfachsten werden alle diese Forderungen erfüllt durch das in der antiken Sculptur so oft benutzte Spiel mit dem Gewande, und zwar mit einem so formlosen wie das griechische, welches jeder Individualität eine freie, ihrem Temperament angemessene Behandlung erlaubt und nicht, wie das unsere, sehr bestimmte Methoden des An- und Ausziehens nöthig macht. Als Verhüllung kann das Gewand nur bei Statuen historischer Personen gelten, deren Bedeutung sich meist nur im Kopf ausspricht, so daß die vollständige Darstellung des übrigen Körpers

unnütz und indecent wäre, wogegen hier das Gewand durch die Art
seines Faltenwurfs den Eindruck der Züge verstärkt, durch die sich
der geistige Charakter auch hier noch im Körper, z. B. durch seine
Haltung aussprechen kann. Außerdem ist das Gewand eigentlich
nur das zunächst liegende Stück Außenwelt, in dessen Bearbeitung
sich das eigenthümliche Temperament der Figur ebenso ausprägt,
wie auch in der Wohnung ꝛc. Es wird uns daher die eigenthümliche Beweglichkeit der Gestalt versinnlichen und zugleich durch die
Anordnung seiner hängenden Falten uns eine Anschauung von dem
Gefühl geben, welches die Gestalt durch seine Umgebung und sein
Tragen erhält, und in welcher sie sich gefällt.

§ 59.

Am günstigsten für die Sculptur wäre die Aufgabe, in solchen
immer maßvollen Bewegungen nur ein beständiges individuelles Temperament des Gemüths, einen bleibenden Charakter darzustellen. In
diesem Sinne hat der 'hohe Stil' der griechischen Sculptur
eine Reihe idealer Bilder geschaffen, in denen ohne Lärm und Bewegung nach außen sich die Tiefe eines bedeutenden Charakters aufs
Vollendetste ausspricht.

Indeß hindert doch nichts, auch die Bewegungen des Gemüths, seine Affecte, die aus einer Wechselwirkung mit der Außenwelt entstehn, ästhetisch zu verwerthen. Aber die Sculptur wird als
monumentale Kunst nicht solche Affecte, die als eine letzte und höchste
Stufe der Bewegung nur momentan dauern können, darstellen
dürfen; und da sie wegen Mangels einer erklärenden Umgebung,
wenigstens in einzelnen freien Statuen, das Motiv der Affecte
nicht immer deutlich machen kann, wird sie nur die wählen können,
die an sich für jeden verständlich sind.

Ungünstig werden daher sowohl alle leidenschaftlichen als
auch alle historischen Handlungen sein, die einen, weil sie grundlos
selbst über die Formenschönheit hinaustreiben; die andern, weil ihre
welthistorische Bedeutung sehr selten in einer plastisch darstellbaren

Form der Bewegung, sondern in der nicht mit darstellbaren Lage
der Umstände beruht.

Endlich muß jede Bewegung, welche eine lebhafte Beziehung
der Statue zur wirklichen Außenwelt bedeutete, vermieden werden. Ihre wahre Heimath, mit der wir sie in 'geheimnißvoller'
Beziehung denken können, ist nur die gleich monumentale Welt der
Architektur, und höchstens die Landschaft. Dagegen die Statue als
im Wechselverkehr mit den Menschen darzustellen, würde gegen
den allgemeinen Reiz der Sculptur streiten, gegen diese geheimniß-
volle Lebendigkeit des Versteinerten, oder diese Versteinerungen des
Lebens.

§ 60.

Allen diesen Anforderungen, die begreiflich nicht in derselben
Strenge von dem Basrelief gelten, welches durch seinen verbin-
denden Hintergrund und die darin darstellbare Umgebung vieles
sonst nicht Auszubrückende ausbrückbar macht, entspricht allerdings
am besten der Kreis der antiken Mythologie, über den nichts
hinzuzufügen ist. Allein dennoch hat die spätere christliche Kunst
eine große Menge von Werken producirt, die an Formenschönheit,
Verständniß des Körperbaus und Gewandtheit der Behandlung,
ebenso wie meistens an Schönheit des Materials der antiken Sculptur
allerdings weit nachstehen mögen, dafür aber einen ganz neuen
Stil der Darstellung ausgebildet haben.

Dem Alterthum war Formenschönheit und vollständige In-
carnation des menschlichen Geistes der höchste plastische Zweck. Sie
suchten überall das Leben und Das darzustellen, wozu eine gültige
Natur die lebendige Gestalt gemacht hat. Die christliche Kunst
ist weit mehr von dem Gedanken der Hingabe des Körperlichen
an die geistige Welt ausgegangen, meistens zur Darstellung des
Todes, nicht des Lebens gekommen, und in allen ihren gelungenen
Werken drückt sich meist das Bestreben aus, Das zur Erscheinung
zu bringen, was die lebendige Gestalt selbst aus sich gemacht hat:
die Unzerstörbarkeit ihrer Sehnsucht, das Verdienst ihrer Ergebung.

Das Darstellungsgebiet dieser Kunst war offenbar viel beschränkter als das der antiken, aber man kann kaum leugnen, daß gerade das, was sie darstellt, der Antike fehlt, und daß doch eben darin etwas wirklich Großes und Werthvolles liegt.

Sechstes Kapitel.
Malerei.

§ 61.

Die Malerei tritt in der Decoration noch als eine Kunst der freien Schönheit auf, die Phantasie nur durch ein Formen- und Farbenspiel beschäftigend. Sie wird hier theils die Begren- zungen größerer Flächen durch Linien hervorheben, die den in diesen wirkenden Kräften entsprechen, und wird dann besonders die Eckpunkte als den Durchschnitt mehrerer Richtungen zum Sitz eines bedeutenderen Ornaments machen; theils wird sie die Flächen selbst decoriren und hier am glücklichsten verfahren, wenn sie ent- weder die ganze Ausdehnung derselben durch eine ununter- brochene Wiederholung eines regelmäßigen Formelements in starren oder geschwungenen Linien ausfüllt, oder wenn sie den größern Theil derselben als ganz freien Hintergrund bestehen läßt und nur einzelne ausgezeichnete Punkte mit zusammengedrängten bedeutsameren Zierden bedeckt. Unangenehm dagegen wirken überall die zerstreuten Muster, und wo in der Natur etwas dem Aehn- liches schön erscheint, sind es immer besondere Nebenverhältnisse, die den Eindruck erträglich machen. Das Gefühl verlangt in der Deco- ration eine Hinweisung jedes Kleinen, für sich selbst nicht hinläng- lich bedeutenden Theils auf jeden andern und gebietet deshalb wenigstens bescheidene Verbindungen zwischen den zerstreuten Theilen. — Was die Farbengebung der Decoration betrifft, so muß die sehr streitige Lehre von den Farbenharmonien der Zukunft überlassen bleiben.

§ 62.

In der Landschaftsmalerei hat die etwas überspannte Tendenz, nicht die Formenschönheit der Gegend, sondern das mysteriöse unbewußte Walten des Naturgeistes darzustellen, zu einer Vorliebe für die wilden unerwarteten und schroffen Formen geführt, in denen sich große Naturkräfte, die auf einander nicht berechnet scheinen, mehr bekämpfen als zu einem ruhigen und klaren Resultat kommen.

Bei allem Guten, das diese romantische Neigung erweckt hat, müssen wir doch als den richtigeren Gesichtspunkt den betrachten, welcher die Landschaft als einen Wohnplatz des geistigen Lebens ansieht. Die Gestalt des Bodens macht eine unerschöpfliche Mannigfaltigkeit des verschiedensten Wohlbefindens, des Sich-Benehmens und -Bewegens für alles Lebendige möglich, die nicht blos Vortheile für die Bequemlichkeit des Menschen sind, sondern selbst dem Unbelebten, der Vegetation gewährt die Anordnung der Landschaft die Möglichkeit eines vielfachen Ausbreitens, von der wir nun in die Gegenstände selbst ein halb bewußtes Gefühl verlegen, ähnlich dem Gemeingefühl, welches wir selbst durch diese vielfachen Arten mehr oder weniger wohnlicher, heimlicher, offener oder begrenzter Umgebung erhalten.

Obgleich wir den Theilen der Landschaft nun selbst einen Genuß der Lage zuschreiben, die sie in ihr einnehmen, so liegt doch in Wahrheit unser Interesse an ihr immer in diesen Gefühlen, die wir haben oder deren Entstehn wir voraussehen, wenn wir uns in dem Bilde von einem Punkt zum andern versetzen und von jedem dieser Standpunkte aus den eigenthümlichen Reiz der nun verschobenen Umgebungen genießen und uns der neuen Beförderung unseres Daseins, unserer Bewegung und Ruhe erfreuen, die uns durch sie zu Theil werden.

§ 63.

Die Composition wird darauf achten müssen, die Landschaft, die nur Sinn als Theil der wirklichen Welt hat, auch immer als solchen Theil darzustellen. Der umschließende Rahmen bedeutet schon, daß sie hier abgeschnitten sei, aber nicht aufhöre, sondern mit der übrigen Welt zusammenhänge. Irgend ein Weg, eine Perspective, oder mindestens der Fluß eines Wassers, ein Zug von Wolken ꝛc. muß hinzutreten, um diese Andeutung eines Zusammenhangs mit der übrigen Welt zu verstärken. Die Spiele der Beleuchtung endlich haben neben ihrem Farbenreiz diese allgemeine Bedeutung, das umfassendste Band zu sein, das von jedem Punkt zu jedem andern in vielfachen Brechungen und Zurückwerfungen übergeht und Alles mit Liebe zu einer gemeinsamen Natur verbindet.

Der Glaube an die Wirklichkeit der Landschaft wird ferner durch eine gewisse Irrationalität der Anordnung verstärkt. Zwar verlangt das Auge eine übersichtliche Zusammenstellung, aber an den symmetrischen Punkten des Raumes müssen doch nicht ähnliche, sondern differente Bildungen auftreten, so daß ein Gleichgewicht in der Vertheilung der Massen für den anschauenden Blick entsteht aber doch nicht eine der Natur fremde eigentliche Symmetrie. Die Hauptpunkte des Inhalts müssen nicht auf die Hauptpunkte des Raumes fallen, sondern excentrisch neben sie. Sie müssen nicht grade am Ende geradliniger Perspectiven stehen, sondern unberechneter hervortreten. Ueberhaupt wird jede geradlinige Erstreckung den gewundenen Durchsichten nachzusetzen sein. — Die Umrisse des Ganzen müssen ebenfalls diese Symmetrie vermeiden und dürfen besonders dem Auge nicht ein abschüssiges Sinken in Einer Richtung zumuthen, ohne ihm irgend einen Wiederhalt zum Ausruhen darzubieten. — Keine Mannigfaltigkeit gleichartiger Objecte soll in paralleler Anordnung den Blick ermüden.

§ 64.

Sehen wir uns im Leben um, so finden wir, daß an Gebäuden, an Werkzeugen, an der Tracht, an der menschlichen Gestalt selbst das eigentlich Unverletzte, Vollständige, Normale gar nicht das ist, was den Eindruck des Malerischen gibt; vielmehr haftet dieser überall an Dem, was in seinen Formen theilweis durch Störung derselben (Ruinen, Lumpen ꝛc.), theils durch schärfere einseitige Ausprägung die Erinnerung an eine Geschichte erweckt, in welcher das geistige Leben im Kampf mit einer Außenwelt war, von ihr viele bleibende Spuren aufgenommen, aber sich mit ihr in irgend ein Gleichgewicht zu setzen gesucht hat.

Namentlich in der Genremalerei muß dies als wesentliches Ziel der Darstellung gelten, anschaulich zu machen, wie allerdings die äußeren Umstände, der Beruf des Lebens, Reichthum oder Armuth der Umgebung ꝛc. der Gestalt unvertilgbare Spuren einprägen, wie aber dennoch die Kraft der geistigen Natur so unverwüstlich ist, daß sie aus jeder noch so ungünstigen Lage irgend eine Art der Befriedigung zu gewinnen oder doch unter ihrem Drucke wenigstens ihre eigene Größe zu bewahren vermag.

Dieser Zug der Anerkennung menschlichen Werthes gibt allein dem Genre höhere Bedeutung. Die bloße treue Naturnachahmung würde uns zwar die Vorstellung erwecken, daß eben die Möglichkeit, irgend etwas Gemeines oder Kümmerliches so schlagend darzustellen, zugleich ein Erhabensein über dasselbe voraussetze und auch den Betrachter darüber erhebe. Dennoch werden Gemälde dieser Art nur Ein Mal durch ihre Technik reizen und später kalt lassen.

Das Gebiet des Genre ist unermeßlich, und neben dem charakteristischen, das uns die Trefflichkeit und Accommodationsfähigkeit des menschlichen Geistes in Bezug auf ganz specielle Lebensverhältnisse zeigt, können wir ein allgemeineres unterscheiden, welches die typischen Lebensalter und deren normale Erlebnisse, endlich ein höheres, ideales, welches nicht sowohl die einzelnen Figuren ideal darstellt, sondern vielmehr in der Art ihres Benehmens einen allgemeinen Stil des Lebens und Daseins sehen läßt, in welchem sich der Geist einer Zeit oder eines Volkes selbst sein Gesetz gegeben hat.

§ 65.

Ueber diese letzte Leistung des Genre, die Darstellung einer besondern Phase menschlicher Cultur zu liefern, wird auch die geschichtliche Malerei, die man jetzt etwas absichtlich fördert, nicht hinauskommen. Die Darstellung großer Männer, bedeutsamer geschichtlicher Wendepunkte ist gewiß ein richtiges Ziel der Poesie, aber nicht der Malerei. Gemälde werden nur als Illustrationen zu der sonst bekannten Bedeutung der Geschichte hinzutreten, aber sie niemals unmittelbar darstellen. Geschichtliche Personen und Thaten sind trotz aller Bedeutung ihres Sinnes oft ganz unbedeutend in der äußerlichen Form ihres Erscheinens. Wir ertragen das im Leben und in der Poesie, weil wir uns aus einer unzähligen Menge successiver Anschauungen ein richtigeres Total-bild entwerfen. Die Malerei dagegen könnte solche Ereignisse nicht darstellen, ohne unverständlich und langweilig zu sein.

Man wird als höchste Forderung die aufstellen können, daß ein geschichtliches Bild immer eine Situation oder Handlung wähle, die selbst dann, wenn ihr geschichtlicher Sinn gar nicht verstanden wird, immer noch ein schönes Genrebild bleibt und immer noch einen deutlichen allgemeineren Sinn, eine gewisse eigenthümliche Cultur, eine mit sich übereinstimmende, wenn auch in keine bestimmte Zeit und keinen Ort zu verlegende Ausprägung menschlichen Lebens darbietet.

§ 66.

Die 'historische' Malerei, die (im Gegensatz zur 'geschicht-lichen') die heiligen 'Historien' als aller Zeit angehörig be-handelt, enthält in ihrem Gebiete von Gegenständen alles das, was auch in der 'geschichtlichen' würde darstellbar sein. Vor allen Dingen ist dies ganze Gebiet insofern echt malerisch, als das ganze Alte und Neue Testament fast nur eine stetige Lehre über die Art ist, wie der innere Mensch mit den Zufälligkeiten des äußern Lebens zurechtkommen, sich an ihnen erziehen und für das Ewige verwenden soll.

Gerade in der Erinnerung an diesen Kampf lag aber das Malerische, und wir finden es nicht in den antiken mythologischen Figuren, die bei aller großen Formenschönheit, mit der sie schon das Alterthum malte, doch mehr nur eine intensive eigenthümliche Lebenskraft als einen wirklichen geistigen Charakter darstellen. Dagegen bieten Bibel und Legende unzählige Charaktere der individuellsten Art, und zwar solche, deren geistiges Gepräge so allgemein bekannt ist, daß sie für uns völlig die Stelle der Mythologie vertreten, jedoch mit dem weiteren Vortheil, daß die Welt, in der sie lebten, von uns auf das Wesentlichste mit unserer eigenen verbunden gefühlt wird. Alle Situationen, in denen irgend ein Sittengesetz anwendbar ist, irgend eine Sehnsucht oder irgend ein Leiden sich entwickeln kann, finden in jener Welt ein passendes Beispiel.

Dazu kommen die einfachen und leicht verständlichen, in Gewandung Architektur und Sitte malerisch schönen Culturformen des Morgenlandes, dazu endlich die Möglichkeit jede Zeit und jeden Raum in irgend eine leicht erkenntliche Beziehung zu dieser vergangenen Welt und zu ihrer geistigen Fortdauer in der unsrigen zu setzen, so daß schließlich kaum irgend etwas menschlich allgemein Interessantes erdacht werden kann, was nicht vollkommen durch die Figuren der heiligen Geschichte wie durch bekannte Typen einer verwirklichten Idealwelt darstellbar wäre.

§ 67.

Die fernere künstlerische Behandlung dieser Gegenstände läßt wenig allgemeine Regeln zu, und wird der speciellen Kritik der Kunstwerke überlassen bleiben müssen.

Im Allgemeinen wird Malerei von ihren Mitteln Gebrauch machen müssen. Da ihr also in der Zeichnung und Färbung des Hintergrundes und der Umgebung ein Hülfsmittel gegeben ist, einzelne augenblickliche Stimmungen einer Gestalt in ihrer Abhängigkeit von äußern Erregungen zu motiviren, so wird sie nicht wohlthun, wenn sie anstatt der Stimmung und Handlung nur den stabilen Charakter einer Gestalt darstellt und so in die Aufgabe der Sculptur zurückfällt. Sie wird ferner ihre Handlungen am besten so reich als möglich, ohne sie unverständlich werden zu lassen, gestalten müssen. Denn je mehr die Malerei wirklich zur Nachahmung des vollen Lebens fähig ist, um so mehr wollen wir von ihr nicht blos den knappen Sinn einer Handlung sondern auch ihre Resonanz in der Welt, die Art, wie sie von Andern empfunden, verschiedenartig beurtheilt, überhaupt mit mannigfaltiger Theilnahme aufgenommen wird, mit dargestellt sehen.

Die Malerei begann daher erst ihrer Aufgabe zu genügen, als sie jene isolirten Bilder auf Goldgrund aufgab und die volle Mannigfaltigkeit der realen Welt als theilnehmende Umgebung um die heiligen Geschichten gruppirte. Nicht alle Handlungen werden diese zahlreiche Umgebung vertragen, aber bei jeder werden wir am Ende wünschen, daß auf irgend eine bescheidenere Art dennoch ihr Zusammenhang mit der wirklichen Welt angedeutet und nicht die handelnden Personen in einen leeren Raum gesetzt werden.

Mit Unrecht würde man deshalb verlangen, keine Figur auf einem Gemälde zu sehn, die nicht zum Sinn der Handlung nöthig wäre. Wie man im Gegentheil schon den [nothwendigen] Figuren selbst charakteristische Züge gibt, die für die Handlung nicht nöthig sind, so ist auch diese scheinbar überflüssige Umgebung unentbehrlich um die Handlung in die Welt zu rücken, in welcher jedes Ereigniß andere zunächst gleichgültige, später vielleicht mit ihm zusammenwirkende neben sich hat.

Die Forderungen an 'Einheit des Bildes' können daher nur insoweit gelten, daß das Hauptinteresse nicht zu gleichen Theilen auf verschiedene zusammenhanglose Handlungen fallen darf. Aber es würde nicht Einfachheit sondern Armuth sein, wenn nirgends neben der Haupthandlung sich ein Anblick darböte, der die angeregte Stimmung mit geringerer Stärke unterhielte oder sie auf angemessene Weise beruhigte.

Endlich die formellen Gruppirungsgesetze (pyramidale Gruppirung ꝛc.) werden wir allerdings dem Sinne der Handlung unterordnen müssen und sie werden denselben Gesichtspunkten zu folgen haben, wie in der Landschaftsmalerei.

Siebentes Kapitel.
Dichtkunst.

§ 68.

Die Poesie beherrscht alle die Gebiete zugleich, die den frühern Künsten offen standen. Ganz allein aber kommt ihr die vollkommene Herrschaft über die Welt der Ereignisse zu, von deren äußerlichen Formen wohl auch die Malerei Einiges, während den innern Zusammenhang nur sie erschöpfend auszudrücken vermag.

Hierin sehen wir daher auch ihre wesentliche Aufgabe. Alles Andere, die freie Schönheit der melodiösen Rede, die Schilderungen anschaulicher Gestalten sind nur Nebenaufgaben oder Mittel der Wirkung. Der Kern aller Poesie liegt in der Darstellung der Bewegung, welche die Theile der Welt nach allgemeinen Gesetzen und nach einem heiligen Plan rastlos mit einander verbindet.

Es kann sich fragen, ob sie hierin blos naturtreu nachahmen oder idealisiren soll. Aber das letzte wird ihr nothwendig, weil sie nie das Ganze der Welt, sondern nur den Sinn und Geist des Ganzen in einem kleinen Bruchstück darzustellen unternehmen kann. In dem begrenzten Gesichtsfelde, das sie so heraushebt, kreuzen sich aber für den einzelnen Beobachter viele Fäden der Ereignisse, von denen nur wenige zum Schluß kommen, manche ohne Anfang und Ende und ohne ersichtliche Beziehung zu den übrigen verlaufen, so daß die Kette von Vorgängen, in deren Zusammenhang und folgerechter Entwickelung sich in der That eines der höchsten Gesetze des Weltplans ausspricht, durch eine große Menge einflußloser Nebenvorgänge auseinander gehalten wird. Hier besteht das

'Idealisiren' in dem Ausscheiden des Gleichgültigen, des Unvollendeten, Beziehungslosen, in der Concentration des wirklichen Weltlaufs auf die einzelnen großen Ereignißkreise, in denen innerer Zusammenhang auch für das kleine Gesichtsfeld des Beobachters hervortritt.

§ 69.

Alle allgemeinen Wissenschaften, Moral Naturphilosophie Geschichte, wenn sie ihren Inhalt in die Feinheit des Details verfolgen wollen, worin seine volle Bedeutung erst zum Vorschein kommt, laufen zuletzt in Poesie aus, d. h. sie können das Werthvollste nur noch darstellen, indem sie nicht mehr nach allgemeinen Kategorien verfahren, sondern eine Schilderung der unzähligen zarten individuellen Verhältnisse geben, in denen die Bedeutung des Einzelnen ruht.

In diesem Sinn allein hat die Poesie den Zweck des Lehrens, nämlich das zu lehren, was auf alle andere Weise unausdrückbar ist. Jeder andere didaktische Zweck aber, zu dessen Erfüllung die Wissenschaft ausreicht, führt immer die Poesie über ihre Grenzen hinaus. Sie hat nichts anderes zu thun, als durch eine Darstellung der wirklichen Welt Motive des Nachdenkens und des Gefühls zu geben, aus denen jeder seine Belehrung für sich ziehen mag. Sie wird aber zugleich darauf achten müssen, in der That die wirkliche Welt zu schildern, deren Heiligkeit so groß ist, daß jede Erfindung, die capriciös Gedanken zusammenstellte, welche in der wirklichen Welt keinen vernünftigen Platz und keinen Zusammenhang mit ihr hätten, nur als eine poesielose Uebung geistreicher Virtuosität gelten kann.

§ 70.

Die erste Gattung der Poesie, die erzählende, bewahrt am einfachsten diese Stimmung des Gemüths, die ohne irgend besondere Tendenz in der Darstellung der Mannigfaltigkeit der Welt nur diese erhebende und erfrischende Ausweitung des Gemüths sucht, welche uns etwa auf einer Reise anwandelt, wo wir uns an der Buntheit und Unerschöpflichkeit des Daseins erfreun und aus dieser Betrachtung tausend unsagbare Lehren ziehen ohne einer einzigen besonders nachzujagen.

Am glänzendsten ist diese Stimmung, die Freude an der Objectivität, in dem griechischen Epos hervorgetreten, begünstigt durch eine Eigenthümlichkeit der Cultur, die niemals wieder vorgekommen ist. Die griechische Weltauffassung zeigte die Erde als einzigen Mittelpunkt und Aufenthalt des Lebens in der Welt. Zu ihrem Dienst und Schmucke selbst die Götterwelt. Und weder in der Ferne des Raumes lagen für diese Zeit Ahnungen eines Unermeßlichen, noch dehnte sich in der Zeit das Leben zwischen einer Schöpfung und einem Weltgerichte aus. Ohne Fortschritt, ohne Geschichte, ohne Haß und Sehnsucht nach irgend einem Ziel, immer nur sich selbst genießend und mit sich selbst zufrieden floß das Leben, ἀνδρῶν τε θεῶν τε, dahin und alle Reflexionen über eine transscendente Bestimmung des ganzen Daseins, die uns so geläufig sind, fehlten dem allgemeinen Bewußtsein jener Zeit ganz.

Zu dieser Stimmung kam die günstige Lage der Cultur: Empfänglichkeit für seine Lebensformen, die doch sowohl im öffentlichen als im Privatleben noch einfach genug waren, um den alltäglichen Handlungen noch einen gewissen religiösen Werth und eine Weihe des Ceremoniels zu lassen, um derentwillen das gewöhnlichste Gehaben des Lebens Gegenstand einer poetischen Behandlung werden konnte.

Alle diese Umstände begründen den Charakter einer heiteren Resignation und der Zufriedenheit mit menschlichem Loose, der dem griechischen Epos eigenthümlich ist.

§ 71.

Aus allen diesen Gesichtspunkten und aus dem wesentlichen Motive, daß dem Epos die unbefangene Freude an der menschlichen Natur eigen ist, folgern wir zuerst, daß die Fabel nur eine äußerliche Einheit, nämlich eine lückenlose Stetigkeit der Darstellung, wie die Dinge so aus einander gekommen sind, aber nicht eine solche innere, dramatische Einheit verlangt, daß ein Ereignißkreis, in welchem sich ein Schicksal von seinem ersten Grunde bis zur Katastrophe entwickelt, vorgeführt werde.

Es ist im Gegentheil ungünstig, zum Object eine große Katastrophe zu wählen, weil theils die Spannung auf deren Ausgang, theils die Abspannung nach ihrer Erfüllung die ruhige Stimmung stören. Vielmehr hat das Epos aus dem vollen menschlichen Leben ein solches Stück zu schöpfen, welches wesentlich nicht anders ist als andere verschwiegene Stücke. So wie das Epos das Leben schildert, muß es immer gewesen sein und wir müssen den Eindruck haben, daß es auch in's Unendliche so fortgehe.

Eben deßhalb aber darf die Fabel keine ganz beschränkte Idylle sein, sondern allerdings eine heroische Geschichte, durch welche die Menschheit und selbst die Götterwelt weit und breit aufgeregt und dadurch der Mannigfaltigkeit menschlichen Daseins Gelegenheit zur Aeußerung, dem Unbedeutenden und Kleinen aber doch Unentbehrlichen ein bedeutender Mittelpunkt gegeben wird.

Die Charaktere sind aus ähnlichen Gründen alle einfach, klar und durchsichtig, ohne psychologische Tiefe, nicht durch die Schicksale des Lebens noch durch Reflexion oder absichtliche Erziehung gebildet, sondern ganz naturwüchsig; so daß sie durch alle Schicksale, die sie erleben, nur zur Aeußerung ihres beständigen Charakters, aber nicht zu einem veränderlichen Bildungslaufe gebracht werden.

Die Charaktere werden ferner so gehalten sein, daß sie von der Lage der Umstände sich nur zu den Aeußerungen treiben lassen, die innerhalb der natürlichen menschlichen Entwicklung begründet sind. Alle Tiefe und Leidenschaftlichkeit der Gefühle, alle sinnige Reflexion über die vorhandene Lage ist dem Epos vollkommen erlaubt und keineswegs der bloßen äußerlichen Handlung untergeordnet. Nur darauf muß geachtet werden, daß die Charaktere sich nicht durch die äußern Anlässe zu Reflexionen hinreißen lassen, für welche in diesen nicht hinlänglich Grund ist.

Im Aeußern wird die Darstellung vor allem die Gleich-förmigkeit einer beruhigten Stimmung durch Vermeidung überraschender Effecte, durch vollständige Motivirung, durch gleich große Ausführlichkeit, durch Gleichartigkeit des Metrum, durch Ver-meidung aller lyrischen Ergüsse zu wahren haben. Sie wird selbst durch manche Kunst der Verzögerung, durch die Einschaltung von Gleichnissen, durch die Ruhe, mit der sie sich kurz vor einer Haupt-entwicklung der Geschichte mannigfachen Episoden überläßt, die Auf-reizung der Stimmung dämpfen und auch hierdurch den Eindruck verstärken, daß alles Einzelne trotz der natürlichen Theilnahme, die es erweckt, doch Nichts ist in Vergleich zu dem unermeßlichen Leben, das im Epos, wie von einer großen Höhe herab, in breiten Massen auf Ein Mal übersehen wird.

§ 72.

Die abendländische Poesie hat in ihren größern erzählen-den Gedichten das antike Epos nicht erreicht, sondern nur in der kürzern Form der Romanze eine andere Gattung der Erzäh-lung ausgebildet, in der es nicht mehr auf die unbefangene Freude an dem Ganzen des menschlichen Lebens, sondern auf die Dar-stellung eines einzelnen durch seine eigne Schwere und Bedeutung die Aufmerksamkeit spannenden Ereignisses abgesehn ist. Nur selten tritt daher in dieser Poesie die motivirende Kleinmalerei des Epos auf. Vielmehr eilt die Darstellung, selbst wesentliche Mittelglieder der Phantasie zu ergänzen überlassend, von einem Hauptpunkt der Geschichte zum andern und rückt so eine Katastrophe mit ihren Vor-bereitungen in ein kleines scharfes Bild zusammen.

Aus der Zusammenstellung einzelner solcher Lieder, in denen sich eine zusammengehörige größere derartige Geschichte ent-wickelt, entsteht ein Aequivalent des Epos, aber doch von ganz anderem Geist. Denn wenngleich einigermaßen auf diese Weise ein allgemeines Culturbild des menschlichen Lebens in der Darstellung

erreicht wird, so geschieht dies doch nie mit der gleichförmigen Ausführlichkeit wie im Epos, sondern das Interesse an der eigenthümlichen Bedeutung der Fabel überwiegt bei Weitem das an der beständigen Form der Welt, in der sie vorgeht.

§ 73.

Während das Epos fertige Charaktere schildert, ist die eigenthümliche Aufgabe des Romans die allmählige Erziehung bild-
samer Gemüther durch die sich kreuzenden Einflüsse einer vielfach
verwickelten Lebenslage.

Dem Roman gehören daher nothwendig die modernen Geschichten und solche Charaktere, die weder im Guten noch im Schlech-
ten noch im blos Eigenthümlichen unbildsam und starr sich ver-
halten. Nur der komische Roman würde diese brauchen können,
um zu zeigen, wie jede Individualität zu kurz kommt, die sich als
fertig betrachtet, während es die Aufgabe des Menschen ist Phantasie
genug zu haben, um den Werth der äußern Einflüsse anzuerkennen
und in der Bildung des Gemüths sich ihnen zu accomodiren.

Dagegen bedarf der Roman stets eines deutlichen historischen Hintergrundes, damit die Verwicklungen, die den
Charakter bilden sollen, als Ereignisse eines wirklichen Weltlaufs
erscheinen. Doch werden nie die großen welthistorischen Figuren
und Ereignisse selber ein glückliches Hauptobject sein. Sie treten
besser in den Hintergrund und lassen den Vordergrund einfacheren
menschlichen Charakteren frei, in denen sich die Wirksamkeit und
Bedeutung der historischen sammelt und in ihren Nachwirkungen
weit besser als in ihrer directen Gestalt zur Anschauung kommt.

Anstatt psychologischer Wahrheit verlangen wir vielmehr
Klarheit der Charaktere. Denn die erste ist unbeurtheilbar, und
ein Charakter, dessen Wahrheit sich beweisen ließe, der aber dennoch als einzelne Caprice weit von der Entwicklung des allgemein
Menschlichen abläge, würde weder für diese noch für andere Poesie
ein richtiger Gegenstand sein.

5*

Die äußere Form des Romans bedarf der Prosa als der einzigen hinlänglich modificablen Form für die Darstellung von Situationen des verschiedensten Werthes.

Manzoni, die Verlobten. Göthe's Wahlverwandtschaften und Wilhelm Meister. W. Scott. Dickens. Scheffel, Ekkehard.

§ 74.

Ist das Epos eine weite und große Aussicht auf menschliches Leben von einem hohen Standpunkt aus, so ist das lyrische Gedicht der Ausdruck einer Bewegung der Phantasie, durch welche das Gemüth, anfänglich an einen einzelnen beschränkten Standpunkt im Gedränge der Welt gefesselt, nur wenige Bruchstücke der Wirklichkeit übersehend und ungewiß über die Lage seines jetzigen Ortes gegen die große Welt, sich zu einem solchen befreienden erheiternden und erlösenden Standpunkt aufzuschwingen versucht.

Es ist daher immer ein Gelegenheitsgedicht und soll versuchen, die Gemüthserschütterung, von der es ausgeht, nicht blos durch Naturlaute so auszudrücken, wie sie eben empfunden wird, sondern dieses blos stoffartige Leiden soll sie so interpretiren, daß sein Zusammenhang mit dem Sinn der Welt, seine Beziehung auf die Wirklichkeit und die Berechtigung seines Daseins hervortritt. Ist also die Stimmung an sich etwa einem gestaltlosen Duft zu vergleichen, so soll die Poesie gleichsam die Gestalt der Blume dazu dichten, die den Duft gibt.

Diese Art der Objectivirung des subjectiv leidenschaftlich Empfundenen ist wenigstens der Höhepunkt der lyrischen Leistung, neben welchem alles Uebrige nur als eine kleinere Kunstübung erscheint.

§ 75.

Man kann mehrere Gattungen unterscheiden. Zuerst das Lied, das nur von einer allgemeinen Stimmung ausgeht und für diese blos äußern Ausdruck sucht — jene Gesänge z. B., die für die Geselligkeit mehrerer Individuen bestimmt sind.

Daneben steht zweitens das Lied, das von einem einzelnen Umstand ausgehend zunächst eine Situation schildert, die entweder dem menschlichen Leben oder der Natur angehört, und dann dies einzelne Factum in seine allgemeinere Bedeutung verfolgt, sei es nun um das Resultat in eine Sentenz zusammenzufassen oder es in einem Gleichniß oder sonst in irgend einer deutlichen Form dem Gemüth verständlich hervortreten zu lassen.

Die Hauptaufgabe wird immer, wie schon erwähnt, darin bestehn, aus der unmittelbaren Stimmung heraus eine Perspective wenigstens auf eine allgemeine Weltansicht zu eröffnen. In welchen Formen dies geschieht, ist im Allgemeinen gleichgültig und unbestimmbar, gewiß aber irrig, einen wesentlichen Vortheil in jener Art der Eleganz und der formellen Correctheit zu suchen, wie sie besonders von den Römern im Gegensatz zu dem weit poetischeren Sichgehenlassen der Griechen ausgebildet wurde.

Dagegen ist diese Formvollendung für alle Repräsentation im Leben, die, um über das Gewöhnliche hinauszugehn, bei der Poesie Ausdrucksformen sucht, das eigentlich zukommende. Und jedenfalls dürfen wir diese Art von Gelegenheitspoesie immer auch als eine, wenn auch untergeordnete Kunstübung ansehn, so wie nicht minder die jetzt oft hart gescholtene reflectirende Poesie, deren Objecte wirklich sehr oft nur in poetischer Form zu behandeln sind.

§ 76.

Das Interesse an dramatischer Darstellung liegt gewiß ganz unbefangen in der Freude an der lebendigen Wirklichkeit, mit welcher diese eine Unzahl feiner und bedeutsamer Züge, die der Erzählung nothwendig entgehn, zur Erläuterung des Gesagten hinzufügt; ferner an der Vollständigkeit, mit der sie gleichzeitige Wechselwirkungen, die für die Erzählung auseinanderfallen, zusammenfaßt.

Ebenso ist klar, daß die langsame Charakterbildung (die Aufgabe des Romans), daß ferner die Verhältnisse des Menschen zur Natur und die Schilderung bloßer Situationen sich für diese Poesieform nicht eignen und daß sie ganz naturgemäß ihr Object in den Handlungen sucht, die das eine Individuum gegen andere ausübt.

Hierin aber liegen im Allgemeinen alle Bedingungen des Drama, und jeder Inhalt, der in dieser Form schicklich auftreten kann, hat auch ein Recht dazu. Dagegen die schärferen Forderungen: Einheit des Plans, Verwicklung, Entwicklung und Katastrophe ꝛc., die man jetzt häufig aus Gründen dialektischer Aesthetik glaubt machen zu müssen, gelten nicht dem Drama überhaupt, sondern nur der höchsten Form desselben.

§ 77.

Aus diesem Gesichtspunkt hat das Drama eigentlich weiter nichts zu thun, als für die scenische Darstellbarkeit seines Inhalts zu sorgen. Eine Einheit der Handlung ist nicht das allgemeinste Gebot, auch durch eine Mannigfaltigkeit könnte recht wohl eine allgemeine Stimmung, das Bild einer Zeit oder Situation dramatisch wirksam dargestellt werden.

Aber allerdings bilden sich aus dieser allgemeinen Aufgabe die besonderen Formen der Tragödie und Komödie aus, in denen nicht mehr ein so allgemeines Bild, sondern eine speciellere sittliche oder metaphysische Idee dargestellt werden soll. Dies nöthigt, um die Aufmerksamkeit nicht zu zerstreun, das Mannigfache zurückzudrängen und es nur noch um einen Hauptkreis der Handlung sich gruppiren zu lassen, in dessen ununterbrochenem Causalnexus jene Idee deutlich vorliegt.

Dennoch ist jenes Mannigfache nicht zu entbehren. Zur hinlänglichen Lebhaftigkeit, Naturwahrheit und Tiefe des ästhetischen Eindrucks ist es wesentlich, daß ein bedeutungsvolles Schicksal nicht isolirt, wie in einem leeren Raum, abrolle. Es muß eine Umgebung vorhanden sein, die dafür eine Art Resonanz bildet und zeigt, aus welchen Motiven des Zeitgeistes, der allgemeinen Lage, der Bildung ꝛc. das Ereigniß selbst hervorgeht; wie es ferner auf die Mannigfaltigkeit menschlicher Charaktere zurückwirkt, von diesen vielfache Beurtheilungen erfährt, durch die seine ganze Bedeutung erst klar wird. Man bedarf endlich selbst einer Mehrheit von Figuren, um die erheiternde Gewißheit zu haben, daß neben der Einseitigkeit der dargestellten Hauptcharaktere die menschliche Natur noch unerschöpfliche andere Bildungsfähigkeit besitze.

In allen diesen Beziehungen steht das antike Drama dem modernen entschieden nach, und ebenso in der Einheit des Raums und der Zeit, die eine theils unnatürliche theils gleichgültige theils schädliche Bedingung der dramatischen Darstellung ist.

§ 78.

Tragödie und Komödie zielen im Grunde auf dasselbe, nämlich darauf, daß es die allgemeine metaphysische Schwäche jeder endlichen Natur ist, zu Schaden zu kommen, sobald sie sich für fähig hält, selbst Vorsehung zu spielen und als gestaltendes leitendes Princip in den Zusammenhang des Weltlaufs einzugreifen. Nur daß in der Tragödie große und kraftvolle Charaktere mit bedeutsamen Plänen scheitern, durch die großen Gewalten des Weltlaufs zu Grunde gerichtet, während in der Komödie unbedeutende Figuren mit kleinen Intriguen durch die gewöhnlichen Zufälle des Lebens gerichtet werden.

Ein eigentlich moralischer Gesichtspunkt, wenn man nicht diesen dafür nehmen will, liegt der Tragödie nicht zu Grunde, sie hat weder ideale noch moralisch böse Charaktere zu belohnen oder zu bestrafen, sondern auch an dem Bösen interessirt zunächst nur die Kraft, mit der es thätig ist, und ihr Scheitern an der noch größern des Weltlaufs.

Obgleich daher das Drama unserer sittlichen Beurtheilung nicht widersprechen darf, so wird es doch etwas andere und zum Theil feinere Gerechtigkeit üben. Charaktere die, im Leben beurtheilt, moralisch löblich schienen und nur durch Irrthum zu Grunde gingen, werden hier für den Irrthum (πρῶτον ψεῦδος) verantwortlich gemacht. Denn ihre Schuld liegt in der That darin, daß sie, ihre Endlichkeit vergessend, ihre Ueberzeugung mit aller Kraft zu verwirklichen suchen.

§ 79.

Von dem Hauptcharakter wird deshalb immer verlangt werden, daß er durch eine eigene Schuld zu Grunde gehe, während nicht nöthig ist, daß eine ähnliche Rechenschaft auch von dem Schicksal jeder Nebenfigur gegeben werden könne. Die Poesie darf den Untergang schöner Gemüther auch im Drama in derselben Weise elegisch darstellen, wie überhaupt unser Bedauern auch in Wirklichkeit ihm folgt.

Jene 'Schuld' des Hauptcharakters aber braucht aus demselben Grunde nicht im engeren Sinne moralisch zu sein. Vielmehr hat mit Recht das Alterthum den einfachen verhängnißvollen Irrthum dem endlichen Subject ebenso voll zugerechnet als die Schuld des Gewissens. Doch wird natürlich die tragische Wirkung gewinnen, wenn eine freie Handlung, eine solche ferner, die nicht durchaus verwerflich sondern in Collision mit andern Pflichten selbst als Pflicht erscheint, wenn endlich eine große auf das Edle gerichtete Kraft gegen das weniger Berechtigte aber Bestehende zu Grunde geht. Deshalb sind alle reformatorischen Geister Lieblingsgegenstände der Tragödie, denn in allen kommt jene ὕβρις vor, die schon das Alterthum ganz richtig als den alle andern umfassenden tragischen Fehler bezeichnete.

§ 80.

Das Komische würde uns eine weitläufigere Analyse überall da zeigen, wo eine sich selbst erhaben scheinende und mit dem falschen Bewußtsein ihres Werthes erfüllte Intention auf eine für das Subject unschädliche Weise plötzlich und anschaulich durch die kleinen und unbedeutenden Umstände des Lebens, welche der Beobachter leicht voraussieht und deren Voraussicht er deshalb auch

von dieser sich selbst hochschätzenden Weisheit verlangt hätte, durch-
kreuzt und vereitelt wird.

Lächerlich erscheinen uns daher auch große Charaktere in den
einzelnen Augenblicken, wo ihre Endlichkeit zum Vorschein kommt.
Aber die allermeisten Beispiele des Komischen liefern alle die Fälle
des unterbrochenen Anstands, in denen eine sich in die Formen
des Erhabenen, des Feierlichen, des Absichtlichen und Berechnenden
einkleidende Thätigkeit plötzlich durch jene kleinen Umstände vernichtet wird. In dieser Hinsicht ist also das Komische allerdings
in besonderem Gegensatz zu dem Erhabenen, vorzüglich aber zu
dem Pathetischen. —

In der Komödie wird es nicht so zu verwenden sein, daß
einzelne plötzliche Effecte die Hauptsache bilden. Es kommt hier
nicht auf die plötzliche Auflösung einer gespannten Erwartung in
Nichts an, sondern darauf, daß die kleinliche intrigirende Thätigkeit
eines Charakters (passive Figuren sind nie als Hauptpersonen
komisch) beständig und überall durch die äußern Umstände aufgehoben wird. Ein großer Theil des Eindrucks liegt hier in der Klarheit, mit der wir beständig den Widerstreit zwischen der Intention
und der Lage der Umstände verfolgen können.

Im Uebrigen verlangt die Komödie nicht so individualisirte
Charaktere, wie die Tragödie, sondern kann ihren überhaupt nicht
so schwer wiegenden Eindruck weit besser als diese auch an allgemeinen typischen Figuren erreichen. Dagegen wird sie immer, wenn
sie erfreulich wirken soll, die Geringfügigkeit ihrer Gegenstände durch
besonders zierliche und fein ausgeführte Formen vergüten müssen.

Anhang.

Zur Biographie Hermann Lotze's.

Von E. Rehnisch.

A.

Hermann Lotze.

Nekrolog.*)

I.

Ein Vierteljahr, nachdem Lotze das philosophische Katheder, auf
welchem er der unmittelbare Nachfolger Herbart's gewesen, mit demjenigen Hegel's vertauscht hatte, ward er der Wirksamkeit, die er auch
an der Berliner Universität wieder in erfolgreichster Weise begonnen,
durch einen unerwarteten Tod entrissen.

Rudolph Hermann Lotze ist jenem Territorium des deutschen Ostens
entsprossen, das G. E. Lessing's und J. G. Fichte's als seiner Söhne

---

*) Geschrieben im Juli 1881. — National-Zeitung 1881 Nr. 390.
392. 394 [= Morgen-Ausgabe vom 21. 23. 24. August]. Revue philosophique de la France et de l'Etranger, dirigée par Th. Ribot, 1881
Octobre [= Tome XII. p. 321—336].

sich rühmen darf. Er hat sich der Landsmannschaft dieser Geistes=
heroen immer herzlich gefreut. Und wie er mit der einen Seite seiner
Begabung, der Meisterschaft im Stil und dem Streben, die Dinge
natürlich und durchsichtig darzustellen, entkleidet aller steifleinenen Gran=
bezza und Abstrusität, an Lessing erinnert: so hat er, wo er den Kern
seiner philosophischen Weltanschauung kurz andeuten wollte, ausdrücklich
auf die Sinnesverwandtschaft mit J. G. Fichte verwiesen, dessen Lehre,
'daß die Aufgabe des Geistes nicht liege in der Erkenntniß eines blinden
Seins, sondern im Handeln', die Wahrheit, wenn auch in einer noch
der Correction und Erweiterung bedürftigen Fassung darbiete.

Geboren am 21. Mai 1817 zu Bautzen, ist Lotze mit seinen Eltern
(sein Vater war sächsischer Militärarzt) sehr früh schon nach Zittau ge=
kommen und hat auf dem dortigen Gymnasium dann auch seine Schul=
jahre verlebt. Die frische energische Persönlichkeit Friedrich Linde=
mann's an der Spitze, diesem Rector zur Seite ein Lehrercollegium,
dem u. A. Leop. Imm. Rückert, der nachmalige Professor der Theo=
logie, angehörte, das Wirken der Lehrer unterstützt durch Behörden,
die sich für ihr Gymnasium warm interessirten, insbesondere durch den
Bürgermeister Dr. Haupt*), den Vater des Philologen, den letzten
Repräsentanten jener Selbstherrlichkeit und jenes halb=reichstädtischen
Wesens, das den Oberlausitzer Sechsstädten Jahrhunderte lang eigen ge=
wesen —: es herrschte ein eigenartiges reges frohes gediegenes Leben
auf der alten dem Jahrhundert der Reformation entstammenden An=
stalt. Und es konnte der Ausbildung des Einzelnen nur förderlich sein,
daß die Schülerzahl eine nur mäßige, meist nur um 100 herum sich
bewegende war. Die Schule kann mit Stolz darauf hinweisen, daß
sie damals im Lauf weniger Jahre Moritz Haupt, Ernst Apelt
(den leider bereits 1859 verstorbenen Jenenser Professor der Philosophie)
und Hermann Lotze zu akademischen Studien von sich ausgesandt
hat, und daß derjenige, welcher zwanzig Jahre später, und zwar als
er sich von anstrengender geistiger Arbeit erholen sollte, in jener eleganten
meisterhaften Weise des Sophokles Antigone ins Lateinische übertrug**),
ihr Zögling gewesen ist.

Erst siebzehn Jahre alt, bezog Lotze Ostern 1834 die Univer=
sität Leipzig, mit einer lebhaften Neigung zu Poesie und Kunst einer=
seits, mit dem Gedanken, gleichwie er eines Arztes Sohn war, so auch
selber ein Arzt zu werden, andererseits. Und so ließ er sich denn auch
als Studenten der Medicin immatriculiren und hat in den gesetzten

---

*) Gust. Freytag, Bilder aus der deutschen Vergangenheit. 4. Band,
Seite 322—344.

**) Antigona Sophoclis fabula latinis numeris reddidit Herm.
Lotze. Gottingae 1857.

Fristen, jedesmal mit Auszeichnung, die für Aerzte im Königreich Sachsen vorgeschriebenen Examina bestanden. 'Studirt Philosophie und Naturwissenschaften' steht aber bereits im 1834er Osterprogramm des Zittauer Gymnasiums vom Abiturienten Lotze zu lesen, aller Wahrscheinlichkeit dem Brauche gemäß auf die von dem Abgehenden selber in dieser Form gemachte Angabe hin. Und das gerade ist das Eigenartige und für seine eigene Arbeit an Philosophie so ersprießlich Gewordene bei Lotze: er ist von Haus aus ein von philosophischen Interessen bewegter Geist gewesen; er ist nicht ein Mann der Naturwissenschaft, welcher, nachdem sich seine Anschauungsweise bereits entwickelt hatte, auch an etwelchen philosophischen Problemen Interesse bekam und daran nun auch seinerseits mitzuarbeiten begann. Ebensowenig aber ist er an Naturwissenschaft gekommen, erst nachdem seine philosophischen Ueberzeugungen bereits definitives Gepräge gewonnen hatten. Er hat nicht, in Philosophie der Hauptsache nach bereits fertig mit sich, nachträglich noch, als irgend ein concreter Anlaß in philosophischer Arbeit den Mangel der Bekanntschaft mit der Naturforschung ihm fühlbar machte, ein wenn auch noch so reichhaltiges doch, wie die Erfahrung immer wieder zeigt, exoterisch bleibendes, historisches Wissen von den Resultaten der Naturforschung sich angeeignet. Sondern er hat berufsmäßig und in dem Lebensalter, welches dafür das normale und übliche ist, Naturwissenschaft studirt und sich auf diese Weise das, was dem Philosophen betreffs Naturforschung in Wahrheit noththut, erworben: er wußte nicht blos um die Ergebnisse der Naturforschung, sondern er besaß das unmittelbare Lebensgefühl, die nur durch unmittelbares Erleben gewinnbare Kenntniß davon, wie Naturforschung arbeitet.

Wer sich Lotze denkt und ihn zuerst kennen gelernt hat so, wie er später, etwa um 1860, in der wissenschaftlichen Welt dastand, den frappirt es, wenn er zum ersten Male vernimmt, daß es nicht die gerade in Leipzig bereits in den Jahren, in welchen Lotze dort seine Studien machte, durch Drobisch und Hartenstein in so gediegener Weise vertretene realistische Richtung gewesen ist, durch welche Lotze in die Philosophie eingeführt ward. Allein das, was ihn zuerst zur Philosophie führte, stand mit Medicin und Naturwissenschaft in keiner Verbindung; es war etwas dazu vollständig Disparates: jenes lebhafte Interesse an Poesie und Kunst nämlich, welches er schon zur Universität mitbrachte. Von hier aus hat es ihn zuerst zur Aesthetik (dieselbe ist ja auch fort und fort ein Lieblingsgebiet seines Nachdenkens geblieben) und zu der idealistischen Richtung der neueren deutschen Philosophie, zu dem großen Kreise jener Ansichten getrieben, die durch Fichte, Schelling und Hegel sich mehr zu einer charakteristischen Art der Bildung überhaupt, als zu einem geschlossenen Lehrsystem entwickelt hatten; und Chr. Herm. Weiße ist sein Lehrer gewesen. Mit dank-

barster Erinnerung an 'diese schöne jugendlichere Zeit' hat Lotze zwanzig
Jahre später (Streitschriften, Leipzig 1857, Seite 5 ff.) hierüber sich aus=
gesprochen und ausdrücklich erklärt, daß, wenn er irgend eine entscheidende
und in ihren Erfolgen ihm stets lieb gebliebene Einwirkung erwähnen
solle, die ihm zu Theil geworden, dies der Unterricht seines vortrefflichen
Lehrers und Freundes Weiße sei, dem er nicht nur der Anregungen
auf weiteren Gebieten gar viele, sondern auch den positiveren Gewinn
verdanke, über einen engern Kreis von Gedanken so belehrt und in
ihm befestigt worden zu sein (er hat dabei zweifelsohne einen Complex
ästhetischer und religionsphilosophischer Ueberzeugungen im Sinn), daß
er diesen wieder aufzugeben weder eine Veranlassung außer sich, noch
einen Trieb in sich gefühlt habe. — Betreffs eines andern, großen
Theils der Hegel'schen Ansichten freilich und nicht minder betreffs des
Ganzen derselben in der Form, die ihnen gegeben war, führten die
für den angehenden Mediciner selbstverständlichen und obligatorischen
naturwissenschaftlichen Studien dann sehr bald und ohne Umschweife
die Einsicht in seine völlige Unhaltbarkeit bei Lotze herbei. Und gerade
diese grundlegenden Disciplinen des medicinischen Studiums traten
durch E. H. Weber, A. W. Volkmann, G. Th. Fechner x. in
ausgezeichneter Vertretung an ihn heran (von seinen Lehrern in der
praktischen Heilwissenschaft pflegte er nach Jahrzehnten noch insbesondere
Clarus mit dankbarer Erinnerung zu nennen). Für Lotze's An=
schauungen und Begriffe von Wissenschaft und Wissenschaftlichkeit wurden
Mathematik und Physik das Maßgebende. Die Ueberzeugung drängte
sich ihm auf, daß die idealistische Philosophie so, wie sie vorliege, nicht
den Charakter einer Wissenschaft habe, sondern weit mehr den eines
Gedichts, einer poetischen Production, einer Romanschreiberei in ab=
stracten Begriffen. Es ward ihm mehr und mehr selbstverständlich,
daß eine philosophische Weltanschauung, die uns befriedigen solle, nicht
die glorwürdigste Errungenschaft moderner wissenschaftlicher Arbeit, mathe=
matisch=physikalische Welterklärung und ihre Erfolge en bagatelle behan=
deln und, ohne sie nur zu kennen, geringschätzig bei Seite schieben dürfe.
Man versteht, wie da mehr und mehr jene imposante Gestalt, welche
Philosophie, Mathematik und Naturforschung gleichmäßig mit großartigen
Conceptionen und genialen Entdeckungen bereichernd, am Eingang mo=
derner deutscher Wissenschaft steht, wie Leibniz der Philosoph wurde,
zu dem sich Lotze hingezogen fühlte und in dessen Studium seine eigene
Weltanschauung Gestalt gewann.

Von diesen Anfängen aus ist Lotze zu der Stellung innerhalb der
philosophischen Parteien gekommen, die er um die Mitte der 1850er
Jahre einnahm, als er in den 'Streitschriften' über den Gang seiner
geistigen Entwicklung sich aussprach: nahestehend der realistischen
Richtung der deutschen Philosophie, befreundet den Häuptern der die=

selbe vertretenden Herbart'schen Schule, von Vielen geradezu für einen Herbartianer gehalten. In Wahrheit hat Lotze weder in der Herbart'schen Schule gelernt, noch hat er inhaltlich die Herbart eigenthümlichen Lehren sich anzueignen vermocht. Wohl aber ist er stets voll der unbedingtesten Anerkennung der methodischen und didaktischen Verdienste Herbart's gewesen. Er hat es stets als den hohen unsterblichen Ruhm Herbart's und seiner Schule bezeichnet: der deutschen Philosophie, nachdem ihr in der Schelling=Hegel'schen Schule der Charakter einer Wissenschaft immer mehr abhanden gekommen, wieder Zucht und Ordnung gelehrt und insbesondere die Ueberzeugung zum Bewußtsein gebracht zu haben, daß sie vor allen Dingen wissenschaftliche Untersuchung sein müsse. Denn Philosophie beginnt nicht mit dem Besitze der Wahrheit, sondern mit Zweifeln, Unklarheiten und Widersprüchen, die das menschliche Gemüth bedrücken und Lösung erheischen. Es sei daher zweierlei ganz ausdrücklich zu scheiden: die Untersuchung, welche die Wahrheit erst gewinnen will, und die Darstellung, welche die gewonnene Wahrheit alsdann in systematische Form ordne. Daher würde der Idealismus, selbst wenn er sachlich vollständig Recht hätte, doch eben methodisch nicht zu billigen sein. Woher weiß er das alles was er sagt; was ist der zureichende Grund für die Behauptungen, mit denen er gleich so ohne Weiteres beginnt? In dieser Weise, mit dem Einen absoluten Weltgrunde und seiner Entwicklung, gleich zu beginnen: das möchte vielleicht der rechte Anfang sein, wenn wir Götter wären, nicht aber, da wir endliche Wesen sind, die nicht im schöpferischen Mittelpunkte der Welt stehen, sondern excentrisch, im Wirrwarr einzelner Folgen desselben. In diesem Halten auf Wissenschaftlichkeit in Philosophie, in dem Dringen darauf, daß Philosophie Wissenschaft sein und immer mehr werden müsse, hat sich Lotze mit Herbart und seiner Schule durchaus einig gefühlt.

II.

Lotze's Studien waren von raschem und glänzendem Erfolge gekrönt. Am 1. März 1838 erwarb er den philosophischen, am 17. Juli desselben Jahres den medicinischen Doctorgrad; Dissertation: De futurae biologiae principiis philosophicis — ein für seine nachmalige Arbeit in der Wissenschaft bereits ungemein charakteristisches Thema. Nach einem kurzen Aufenthalte in Zittau, der mehr noch, als der Ausübung der ärztlichen Praxis, der Vorbereitung auf die akademische Laufbahn gewidmet war, kehrte er nach Leipzig zurück und habilitirte sich im Herbst 1839 in der medicinischen, einige Monate darauf auch in der philosophischen Facultät. Bereits zu Weinachten 1842 konnte er seiner Braut, einer Tochter des Reibersdorfer Pfarrhauses, in welchem er in der Zwischenzeit zwischen Promotion und Habilitation heimisch geworden, das Mini=

sterial=Decret unter den Christbaum mitbringen, das ihn (in Folge von
Verhandlungen, die von Dorpat aus wegen Uebernahme einer Professur
an der dortigen Universität mit ihm angeknüpft worden waren) zum
außerordentlichen Professor der Philosophie in Leipzig ernannte. Und
Ostern 1844 ward er, auf Anregung Rud. Wagner's des Physio=
logen, nach Göttingen auf den durch Herbart's Tod seit dritthalb
Jahren erledigten Lehrstuhl berufen.

Ein Reussiren in der akademischen Laufbahn, wie es rascher kaum
denkbar ist! Doch läßt sich nicht in Abrede stellen, daß dieser Lebens=
gang nicht in jeder Beziehung für Lotze's wissenschaftliche Arbeit von
Vortheil gewesen ist. Wenn man z. B. Lotze's Darstellung der Logik
vom Jahre 1874 mit derjenigen Sigwart's vergleicht, so wird man
keinen Augenblick anstehen, anzuerkennen, daß Lotze's Darstellung eine
reiche Fülle seiner zutreffender einzelner Bemerkungen, deren Richtigkeit
zunächst nur noch mitunter durch zu große Weite der Fassung beein=
trächtigt wird, vor Sigwart voraus hat; der Bau als Ganzes, die
Gestaltung zu einem Ganzen hingegen befriedigt bei Sigwart mehr,
als bei Lotze. Und nicht blos in diesem Falle ist, bei voller Aner=
kennung der stilistischen Eleganz und der Meisterschaft in der Darlegung
des Details, geklagt worden über die Schwerverständlichkeit des Ganzen
Lotze'scher Schriften. Man muß eben beachten: Lotze ist sehr jung,
ebensowohl als Schriftsteller, wie als akademischer Lehrer mit Gesammt=
darstellungen philosophischer Disciplinen aufgetreten; kaum vierund=
zwanzigjährig, publicirte er (Leipzig 1841) eine Darstellung der Meta=
physik, sechsundzwanzigjährig (Leipzig 1843) eine der Logik; er war
siebenundzwanzig Jahr, als mit seiner Berufung nach Göttingen die
amtliche Verpflichtung an ihn herantrat, nolens volens alle möglichen
Disciplinen der Philosophie, immer zwei, drei neben einander, vorzu=
tragen. Das alles in einem Lebensalter also, wo er der Natur der
Sache nach und seiner eigenen Aeußerung gemäß (in seinen Vorlesungen
über Metaphysik z. B. hat er mit der betreffenden Erklärung noch in der
ersten Hälfte der 1860er Jahre nicht hintangehalten) mit seinen eigenen
Ansichten noch nicht fertig war und noch nicht abgeschlossen haben konnte.
Da hat er sich geholfen so, wie es nach Lage der Dinge eben möglich
war: er nahm kurzer Hand, ohne weitere Vorprüfung, die im Wesent=
lichen Gemeingut gewordene oder, wo es eine solche nicht gab, die in
der Herbart'schen (als der in allem Derartigen zuverlässigsten) Schule
übliche systematische Anlage und Eintheilung der betreffenden Disciplin
und behandelte die damit gegebenen Themata in der damit gegebenen
Reihenfolge; öfters in der Weise, daß er, Lehrstück für Lehrstück, die
verschiedenen zur betreffenden Zeit einander gegenüberstehenden und die
Wissenschaft bewegenden Ansichten darlegte, insbesondere also die Fichte=
Schelling=Hegel'schen auf der einen, die Herbart'schen auf der anderen

Seite; eigene Anschauungen ließen sich hierbei ungesucht, auch wenn sie
noch nicht durchgängig definitiv sich fixirt hatten, in der Form einer
Kritik jener Lehren, resp. von Ergänzungen und Zusätzen zu ihnen zum
Ausdrucke bringen. Aber nicht gelehrtes historisches Wissen in Sachen
des und des Lehrstücks zu erzeugen, sondern zu Wahrheit und Einsicht,
zur richtigen und adäquaten Meinung über den und den Gegenstand
zu führen, lag Lotze im Sinn und sah er für seine Aufgabe an. Für
diesen Zweck konnte augenscheinlich namentlich die zuletzt angedeutete
Form der Belehrung ursprünglich nur eben als ein vorläufiger Noth-
behelf von Lotze gemeint sein. Mehr und mehr aber ward sie überall
dort, wo er nun einmal zu ihr gegriffen, ihm zur Gewohnheit. Zudem
würde die Umgestaltung der betreffenden Gedankengänge ein Unternehmen
geworden sein, welches mehr Zeit erfordert hätte, als Lotze zu Gebot
stand, wenn er nun einmal, wie er leider gethan, hinsichtlich der Einrichtung seiner amtlichen Thätigkeit bestehendem Vorurtheile sich anbe-
quemen und fügen wollte.

Daher also zunächst die Eigenheit, die sich recht deutlich z. B. bei
gewissen Partien seiner Metaphysik bemerkbar macht: daß er, um seinen
Hörer oder Leser zu einer bestimmten Anschauung und Ueberzeugung
zu bringen, nicht geraden Wegs darauf ausgeht, eben diese Anschauung
in ihm zu erzeugen, sondern daß er ihn zunächst zu der betreffenden
Doctrin Herbart's oder Hegel's hinführt und dann darauf aufmerksam
macht, was an diesem Gedankengebilde noch unbefriedigend und fehler-
haft sei, worin sich mithin das richtige Gedankengebilde von diesem vor-
liegenden unterscheiden müsse. Daß diese Art der Darstellung und Mit-
theilung dem Leser oder Hörer mitunter Schwierigkeiten zumuthet, die
ihm erspart werden könnten, läßt sich z. B. Angesichts der ontologischen
Partie von Lotze's Metaphysik nicht in Abrede stellen.

Die Manier, die vorhandene Systematik philosophischer Disciplinen
kurzweg beizubehalten, brachte aber noch etwas anderes mit sich und
auch das tritt u. A. gerade bei den ontologischen Expositionen Lotze's
zu Tage. Jene herkömmlichen Schemata der Eintheilung und Anordnung in den philosophischen Disciplinen sind nicht von der Richtigkeit
oder doch Unschädlichkeit, auf welche Lotze gerechnet; sich ihrer zu bedienen, ist kein so harmloses Beginnen, wie Lotze gemeint hat. Jedes
solche Schema für die Veranlagung einer wissenschaftlichen Disciplin in-
volvirt eine gewisse Aufgabenformulirung. Eines solchen herkömmlichen
Schemas sich bedienen heißt die herkömmliche Aufgabenstellung für richtig
anerkennen. Es heißt: erklären, die traditionelle Skizze für das Gebäude, der Riß, sei in Ordnung; man führe nur nun den Bau demgemäß in der That aus; so werde man haben was man bedürfe. Solche
Correctheit wohnt nun aber der üblichen Systematik der philosophischen
Disciplinen, der üblichen Art ihrer Veranlagung in Wahrheit nicht

inne. Diese Systematik ist vielmehr den Anschauungsweisen entflossen, die gerade Schuld daran sind, daß wir in den Unklarheiten, Zweifeln und Widersprüchen uns befangen fühlen, aus denen uns zu befreien eben die Aufgabe der Philosophie ist. Man ermißt, ohne welche Folgen es nicht abgehen kann, wenn ein der Wahrheit unvergleichlich viel besser auf die Spur gekommener Geist seine Betrachtungen nun doch auf und in derartiger Systematik aufbaut: Inhalt und Form sind nicht immer mit, sondern nur zu oft wider einander, und das eine Mal erweist sich jener mächtiger als diese, das andere Mal wird umgekehrt jener von dieser vergewaltigt. Dort sind wir dann bei der Wahrnehmung verwundert, daß die Anschauungsweise, zu der uns zu bringen das Ziel der ganzen Darlegung ist, die Systematik, den formellen Zuschnitt, in dem sich die Darlegung bewegt, doch eigentlich gar nicht verträgt, daß dieser im Licht jener als unrichtig erscheint. Hier dagegen ist dann die Correctheit von Gedankengängen, die an sich nicht freudig genug begrüßt werden können und unbedingt eine Bereicherung und Vervollkommnung der Wissenschaft sind, bis an die Wurzel dadurch beeinträchtigt, daß sie durchaus in einen Rahmen sich einfügen sollten, der in Wahrheit keinen Raum für sie hat.

Wie wir aber schon vorhin berührten, darf man nicht außer Acht lassen, daß betreffs eigener selbständiger Arbeit an seiner Wissenschaft auf unsern deutschen Universitäten der Professor der Philosophie weit ungünstiger daran ist als die meisten seiner Collegen, — wenn man in der Beurtheilung der im Vorstehenden angedeuteten Eigenheiten Lotze'scher Productionen und noch mehr, wenn man gegen den Autor dieser Productionen nicht ungerecht werden will. Man muß sich vergegenwärtigen, daß im Bereich der Philosophie auf unseren Universitäten noch eine Betriebsweise üblich ist, respective gefordert wird, welche die anderen Wissenschaften fast ausnahmslos längst überwunden haben. Wenn man den akademischen Lehrern der Jurisprudenz zumuthen wollte, ein jeder von ihnen solle über alle der Rechtswissenschaft angehörigen Fächer lesen, so würde man gefragt werden, ob man denn von vor hundert Jahren her sei. Oder wenn man einem Historiker ansänne, mittlere alte und neue Geschichte nebst dem, was an Geographie erforderlich sei, könne er doch versorgen, so würde er sich wahrscheinlich erkundigen, ob man ihn für einen Gymnasiallehrer halte. Und wer Vertretern der beschreibenden Naturwissenschaft die Anschauung offerirte, für Zoologie Botanik Mineralogie Geologie zusammen sei doch Einer genug, der trüge ohne Zweifel die Erwiderung davon: augenscheinlich spreche er von Sachen, von denen er nichts verstehe. Eine solche Extension der Berufs-verpflichtung aber, ein solcher Mangel an Arbeitstheilung, wie man sie in allen diesen Fällen für den offenbaren Ruin überhaupt der Mög-lichkeit einer wahrhaft wissenschaftlichen Vertretung des Faches ansehen würde: bei dem akademischen Vertreter der Philosophie hält man sie allseitig für selbstverständlich und unschwer prästabel. Und der Professor der Philosophie ist in Wahrheit nicht daran, wie sonst heutzutag — nehme man die mathematisch-naturwissenschaftlichen, nehme man die historisch-philologischen Disciplinen — der akademische Vertreter des Fachs, sondern wie da heutzutag häufig kaum mehr der Gymnasiallehrer daran ist.

Der Hinweis darauf, daß frühere Generationen solche Extension akademischer Berufsthätigkeit unbeanstandet prästirt und über dieselbe ganz anders gedacht haben, daß sie ihnen als ein Ruhm und das Maß der wissenschaftlichen Capacität deß, der sie zu prästiren vermochte, gegolten, ist ebenso beliebt als seinem Inhalt nach historisch richtig. Ehedem hat man freilich über all dergleichen ganz allgemein, nicht blos im Bereich der Philosophie, anders gedacht. Es war in den Zeiten, denen die Wissenschaft als etwas Vollendetes, von der Vorzeit fertig Ueberkommenes erschien. Diese Anschauungsweise ist uns aber auf den meisten Wissensgebieten längst abhanden gekommen, bekannter Maßen — die Existenz der modernen Naturforschung ist davon das beredteste Zeugniß — nicht zum Schaden der betreffenden Wissensgebiete. Die Wissenschaft ist für uns nicht etwas schon fertig Vorhandenes mehr, sondern etwas zum guten Theil erst noch zu Erzeugendes. Unbegreiflich erscheint es da aber, warum, insbesondere in ihrer Existenz als deutscher Universitäts-Disciplin, gerade die Philosophie der Consequenzen dieser modernen Sinnesart nicht theilhaft werden soll. Die Philosophie gehört am allerwenigsten zu den Zweigen der Wissenschaft, in denen man sich mit dem ruhigen Weitertrabiren des schon Vorhandenen begnügen, in denen man ruhig von den Renten des von früheren Generationen Capitalisirten weiter leben könnte. Das Mühen mit den Schwierigkeiten, denen Philosophie abhelfen soll, ist freilich Jahrtausende alt. Und an Stoff für historisches Wissen von solchem Bemühen, von beredtem Preisen, wie herrlich die Wahrheit sein werde, wenn man erst einmal zu ihrem Besitze gekommen, von bewundernswürdigen Ergüssen himmelstürmenden Dranges, der in allem vorhandenen Wissen nicht Genüge zu finden vermag, ist keinerlei Mangel. Aber daß die wirkliche Erledigung jener Schwierigkeiten nur überhaupt die Gestalt einer correct veranlagten planmäßigen wissenschaftlichen Forschung bekommen, ist ein Erfolg modernen Datums und selbst das ein Unternehmen, bei dem noch mancherlei im Rückstande ist. Nirgends ist daher die moderne Sinnesart, der die Wissenschaft nicht etwas schon Vorhandenes, schon Fertiges, sondern etwas zum guten Theil erst noch zu Schaffendes ist, so sehr am Ort, als in der Philosophie. Und doch hat auf unsern Universitäten der Betrieb und die ganze Existenz des betreffenden Wissenszweiges nirgends in höherem Grade eine Form conservirt, die nur aus

jener unserm Jahrhundert fremd gewordenen mittelalterlich=scholastischen
Sinnesart heraus naturgemäß schien, der alle Wissenschaft etwas bereits
fertig Vorhandenes war, — als im Bereich der Philosophie. Keinem
andern Zweige der Wissenschaft wäre jene Art der Pflege, die z. B.
den Naturwissenschaften so trefflich bekommen und auf welche bei ihnen
(aber nicht blos bei ihnen; Geschichte z. B. ist bekanntlich nicht minder
glücklich daran) auch der Betrieb und die ganze Weise ihres Daseins
auf unseren Universitäten schon längst eingerichtet ist, so sehr von
Nöthen als der Philosophie. In keinem anderen Zweige ist mehr zu
wünschen, daß auch in ihm diejenigen, welchen an unseren Universitäten
seine Pflege von Berufs wegen obliegt, auch die Thätigkeit des 'Fabri=
canten', um mit Gustav Freytag zu reden, nicht allein die des
'Kaufmanns' entfalten, nicht allein Waare weiter zu begeben, sondern
vor allen Dingen wirkliche Werthe zunächst einmal überhaupt erst zu
schaffen, für ihre Aufgabe ansehen. Und doch ist in keinem anderen
Zweige der Wissenschaft auf unseren deutschen Hochschulen ein Betrieb
üblich geblieben, der die Möglichkeit umfassender eigener wissenschaft=
licher Forschung so sehr verkümmert, als gerade in der Philosophie.

Daß solche Zustände und Verhältnisse nicht im Sinn eines Mannes
sein konnten, der wie Lotze sich seine Anschauungen von Wissenschaft
und Betrieb einer Wissenschaft an Mathematik und Naturforschung ge=
bildet und sich in fortwährendem Contact mit all jenen Koryphäen
dieser Wissensgebiete befand, deren College an der Georgia Augusta
er war, liegt auf der Hand. Man muß es lebhaft bedauern, eben=
sowohl beim Gedanken an seine Person, als im Interesse der Sache,
daß er sich in der Einrichtung seiner amtlichen Berufsthätigkeit land=
läufigen, Verhältnissen von vor hundert Jahren entsprechenden An=
schauungen anbequemt hat, anstatt sein Ansehen in die Wagschale zu
werfen für eine wissenschaftlich würdigere und dem in andern akade=
mischen Disciplinen längst für selbstverständlich Geltenden conformere
Gestaltung dieser Dinge. Die thatsächliche Gestaltung dieser Dinge
aber muß man sich vergegenwärtigen und in Rechnung stellen, wenn
man das persönliche Verdienst der auf Fortbildung und Erweiterung
der Wissenschaft gerichteten Thätigkeit schätzen will, die Lotze trotz all
dem in so glorreicher Weise entfaltet hat. Nur durch die aufreibendste
Lebensweise, durch übertriebene Anstrengung, fortwährendes Aufsspiel=
setzen von Gesundheit und Leben ist das möglich geworden. Man weiß
im Kreise der Göttinger Freunde Lotze's davon zu erzählen, was er
sich in dieser Hinsicht insbesondere in jenem Jahrzehnt zugemuthet hat,
in welchem er seinen 'Mikrokosmus' geschaffen. Und wer jetzt dieses
köstlichen Werkes sich freut, der möge dankbar auch des Mannes ge=
denken, der damals mit all seinem reichen ärztlichen Wissen und Können
bei Tag und Nacht über Lotze's Gesundheit gewacht und sich's treulich

verdient hat, einer und zwar der erste der beiden zu sein, denen Lotze
das Werk zugeeignet hat: Wilhelm Baum.

III.

'Die Thätigkeit, welche neue Werthe schafft', wir recurrirten bereits auf das Freytag'sche Dictum vom Fabricant und vom Kaufmann
im weitesten Sinne des Wortes, 'gilt überall in der Welt für die
aristokratische'. Lotze hat diese aristokratische Art, seinen Beruf zu be-
treiben, sich nicht nehmen lassen mögen, und sollte er sie mit seinem
Herzblut bezahlen.

Nach den beiden schon oben erwähnten frühzeitigen Darstellungen
der Metaphysik und der Logik, und zum Theil schon neben denselben
hat Lotze's literarische Production zunächst eine Reihe von Jahren der
Absicht gegolten, von Seiten philosophischer Betrachtung dem medicinischen Studium nützlich zu sein; einerseits damit, daß er an Stelle
ebensowohl der durch die Schelling'sche Naturphilosophie Mode gewordenen, als der von Alters her überkommenen wissenschaftlich unbrauch-
baren oder vollständig verkehrten Vorstellungen auch bei Betrachtung
des Geschehens im lebendigen Organismus durchgängig die Auffassungsweise der modernen Physik einbürgern half; andrerseits damit, daß er
auf den Grenzgebieten der Physiologie und Psychologie, in Sachen des
Problems der Wechselwirkung zwischen Leib und Seele die medicinischen
Kreise einer unbefangenen und wahrhaft wissenschaftlichen Auffassung zugänglich zu machen bestrebt war. Es ist hier zunächst zu nennen das Werk
'Allgemeine Pathologie und Therapie als mechanische Naturwissenschaften'
(Leipzig 1842, 2. Aufl. 1848). Es gehören hierher weiter Lotze's Beiträge zu Rud. Wagner's Handwörterbuch der Physiologie: neben dem Artikel über 'Leben. Lebenskraft' (1843), der historische Berühmtheit erlangt
hat, sei namentlich auch noch des über 'Seele und Seelenleben' (1846)
gedacht, der in erstmaliger Skizze und der fast immer nur einer solchen
eigenen Frische vieles von den allgemeinen Anschauungen berührt, welche
Lotze nachher weiter ausgeführt hat. Es gehören hierher ferner die beiden
Schriften 'Allgemeine Physiologie des körperlichen Lebens' (Leipzig 1851)
und 'Medicinische Psychologie oder Physiologie der Seele' (Leipzig 1852).

Nach Vollendung dieser Darstellungen ist Lotze's wissenschaftliche
Arbeit dann bis gegen die Mitte der 1860er Jahre der Schöpfung
seines Hauptwerkes, des Mikrokosmus, gewidmet gewesen. Ein Werk
so ganz zur rechten Stunde! Gerade als die materialistische Sinnesart in allen geistig regsamen Kreisen Hochwasser hatte, als ihre An-
hänger (sich brüstend damit und pochend darauf, daß die von ihnen
verkündete Lehre auf dem granitnen Unterbau der Naturforschung ruhe,
mit dieser stehe und nur mit dieser zu Fall gebracht werden könne)
auch in der Wissenschaft auf allen Gebieten die Geister terrorisirten,

hat Lotze auf eine dem Inhalt wie der sprachlichen Form nach classische Weise nicht blos den Fachkreisen, sondern der ganzen gebildeten Welt vor Augen gelegt, daß der Materialismus bedauerlicher Weise ja frei= lich zur Zeit die persönliche Sinnesart einer nicht geringen Zahl von Naturforschern, aber nicht die Philosophie der Naturforschung sei; daß im Lichte der Naturforschung all jene Dinge, welche die conditio sine qua non aller wahrhaft menschenwürdigen Lebensgestaltung sind, ohne welche alle religiöse ethische rechtliche Beurtheilung menschlichen Thuns und Daseins hinfällig wird, — daß Existenz der Seele, Dasein Gottes, Freiheit des Willens nicht zu Ammenmärchen und Hirngespinnst, nicht zu Producten altfränkischer bäurischer Einfalt und pfäffischer Schlauheit geworden. Das war ein Gegner, wie ihn die Apostel des Materialis= mus nicht gewohnt waren. Den konnten sie nicht, wie sie liebten, dadurch zu discreditiren versuchen, daß sie ihm Sachkenntniß absprachen: hatten sie sich doch selber, kurzsichtig genug, seit Jahren nur allzu oft auf ihn als competenten Richter berufen. Der stand dieser ganzen modernen Geistesrichtung, der Naturforschung, nicht innerlich fremd gegenüber, als etwas ihm Unsympathischem, mit einem wenn auch möglichst ver= borgenen Grauen vor ihr. Im Gegentheil: der ganze Stolz an dieser glänzendsten wissenschaftlichen Errungenschaft der modernen Zeit, die volle herzliche Freude am naturwissenschaftlichen Fortschritt, das be= geisterte Hochhalten der Entdeckung von Neuem, wie es nur eben die Träger der Naturforschung selber empfanden, fand hier die bereitwilligste Zustimmung und den beredtesten Interpreten. Zu der Gediegenheit des Inhalts des Werkes kam die meisterhafte Diction, die edle ele= gante in nichts mehr die Mühe der Gedankenarbeit, in welcher der Inhalt errungen, verrathende Sprache. In keinem andern Werk kommen alle Seiten von Lotze's Begabung so voll und ungeschmälert zur Gel= tung wie eben in diesem.

Daß der Bann gebrochen, der Zauber gelöst wurde, in dem der Materialismus die Zeitgenossen befangen hielt, war ein Effect des Mikrokosmus; aber der Mikrokosmus ist keine von den Schriften, die darin aufgingen und ad hoc geschrieben worden sind, gegen den Ma= terialismus zu polemisiren. Wie Lotze ausdrücklich bekannt hat in den Notizen, die, um über sein Werk zu orientiren, zu der Zeit, als die ersten beiden Bände des Mikrokosmus ins Publikum kamen, die Göt= tinger gelehrten Anzeigen brachten (1856 S. 1977 ff., 1857 S. 513 ff., 1859 S. 73 ff.), gelangte im Mikrokosmus ein Unternehmen zur Aus= führung, mit dem sich Lotze früh schon getragen, augenscheinlich früher bereits, als wie der Materialismus um die Mitte unseres Jahrhunderts die wissenschaftliche Tagesfrage aller geistig regsamen Kreise ward. Und wenn wir uns neben dieser Notiz der einleitenden Worte entsinnen, mit denen der Mikrokosmus beginnt, von dem alten nie geschlichteten

Zwist zwischen den hohen Träumen des menschlichen Herzens, die den Zusammenhang der Welt anders und schöner gestaltet wissen möchten, und der unerbittlichen Wissenschaft; von der ängstlichen Furcht, vor dem unaufhaltsamen Fortschritt der Wissenschaft alle Poesie und Lebendigkeit aus der Welt verschwinden zu sehen: so läßt sich wohl unschwer errathen, daß der erste Gedanke zu solch einem Werk, wie es nun in dem Mikrokosmus seine Ausführung fand, bereits dem Leipziger Studenten vorgeschwebt haben mag, als er mit Weiße Aesthetik trieb und Weber's Physiologie und Fechner's Physik immer mächtiger und unaufhaltsamer in seinen Gedanken ihr Recht verlangten. Der Ueberzeugung, welche er sich in den hieraus in seiner Gedankenwelt damals für ihn sich ergebenden Conflicten errungen, hat er, unserm Zeitalter zum Segen und sich zum unsterblichen Ruhme, im 'Mikrokosmus' einen so beredten und wirksamen Ausdruck gegeben.

Man kann es am wenigsten einem Zeitalter verargen, das in Wissenschaft und Wissenschaftlichkeit glorreiche Fortschritte gemacht hat, wenn es stolz auf seine Wissenschaft ist. Und ohne Zweifel wird überall da, wo Wissenschaft über einen bestimmten Gegenstand in einer bestimmten Hinsicht etwas ausgemacht hat, ihr Ausspruch den Vorzug verdienen vor all dem individuellen Erachten und vor-, resp. außerwissenschaftlichen Meinen, was über den fraglichen Gegenstand in der fraglichen Hinsicht existirt. Zugleich aber gilt es, jene moderne Sinnesart wirksam werden zu lassen, daß die Wissenschaft nicht etwas vollständig Fertiges, sondern etwas zum guten Theil erst noch zu Erzeugendes ist. Es pflegen kleine bescheidene Anfänge zu sein, aus denen die Wissenschaft sich entwickelt. Nicht immer ist es das Wichtigste und Bedeutendste, was sich der wissenschaftlichen Arbeit zuerst oder überhaupt zugänglich erweist. Fast nie ist, wenn überhaupt etwas an einem Gegenstand der Wissenschaft zugänglich wird, damit der Gegenstand nach allen Seiten erschöpft. Vieles von dem, was dem Leben längst bekannt war, verschwindet aus dem Gesichtskreis der sich entwickelnden Wissenschaft, weil sie mit ihm nichts zu machen vermag; anderes, was ihrer Arbeit ausgiebig zugänglich ist, tritt mit übergewichtigem Werth für sie in den Vordergrund. Da gilt es zunächst, mit dem Werth der Wissenschaft von einem Gegenstand nicht zu verwechseln den Werth des Gegenstandes selber, nicht einen Gegenstand für besonders bedeutend zu achten, nicht einen anderen geringschätzig zu behandeln, nicht einem dritten die Existenz abzusprechen, weil die Wissenschaft, die sich an den ersten geknüpft, von großer Vollendung, fein und scharfsinnig, betreffs des zweiten dagegen das Wissen, sei's überhaupt, sei's zur Zeit kümmerlich, betreffs des dritten endlich die gelehrte Tradition durch und durch unhaltbar ist. Da ist weiter geboten, die 'Wissenschaft' nicht jenem suffisanten Wesen verfallen zu lassen, dem der sicherste Prüfstein für

die Wahrheit des 'Neuen', das sie verkünden zu können vermeint, der
Grab der Feindseligkeit ist, mit welchem es alles beleidigt, was außer=
halb der Wissenschaft der Mensch für unantastbar erachtet. Da heißt
es ferner, vor jenem Unverstande sich hüten, der sich geberdet, als ob
es nicht eher eine Ueberzeugung und noch weniger eine richtige Ueber=
zeugung über einen Gegenstand geben könne, als bis die 'Wissenschaft'
eine geliefert. Da ist endlich von Nöthen, darüber sich klar zu werden,
daß überhaupt nicht 'erkennen' und 'wissen' der eigentliche, letzte Zweck,
sondern nur ein Mittel zur Realisirung der wahrhaften Zwecke mensch=
lichen Daseins ist. Das Alles klingt ja sehr einfach und plan. Nicht
darnach zu thun aber ist aller Ecken und Enden der Grund der Ge=
brechen, an denen die Weltanschauung unseres Zeitalters krankt. Und
mit dominirenden Zügen verdient ebensowohl diese allgemeine Gesinnung,
welche Lotze's Mikrokosmus durchwebt, als die Verwerthung, die er in
der Besonderung von ihr zu machen gelehrt hat, in der sie dermalen
am nothwendigsten ist, der Denkweise unseres Zeitalters eingeprägt
und in ihr beherzigt zu werden.

Für unser Zeitalter ist Naturforschung die Wissenschaft par ex-
cellence, auf der einen Seite sein Stolz, auf der anderen Seite die
Ursache von allerhand Conflicten mit demjenigen, was bis dahin für
Wahrheit und Thatsache gegolten. In der That, von sehr bescheidenen
Anfängen aus hat sich die Weltanschauung des modernen Naturforschers,
die mechanistische Naturauffassung entwickelt, von Gedanken und Dingen
aus, mit denen sich zu befassen die Gelehrsamkeit früherer Zeit sich zu
vornehm gedünkt hatte, denen Existenz in der Form beschieden war,
daß das Handwerk ihnen gemäß that. In einfachen Fällen die Be=
wegungen einer schwingenden, rollenden, herabfallenden Kugel erklären
zu können, das waren ihre ersten Leistungen gewesen. Aber längst schon
hatte sie ihre Kreise weiter und weiter gezogen. Längst schon war der
Makrokosmus, waren alle Fernen der Himmelsräume ihre anerkannte
Domaine. Aber längst schon war es zur Ueberzeugung geworden, daß
auch noch ganz andere Welten ihrem Scepter unterthan werden müßten.
Und nicht blos unter Naturforschern lebte dieser Glaube; Vertreter
der von der Naturforschung erst noch zu occupirenden Gebiete waren
nicht minder von ihm erfüllt und gingen gelegentlich zuerst mit dem
Versuch der Ausführung vor. Resolut und energisch in seinem Denken,
Ernst machend mit den halbverschwiegenen Voraussetzungen, die in den
allgemein gäng und gäben Anschauungen und Vorstellungsweisen von
der Wirklichkeit liegen, war auf Bahnen in schwindelnder Höhe, auf
Brücken der Metaphysik Herbart daran gegangen 'Mathematik auf
Psychologie anzuwenden' und hatte in seiner mathematischen Psychologie
den Gedanken einer 'Statik und Mechanik der psychischen Welt' durch
einen ausführlichen und scharfsinnigen Versuch wirklicher Ausführung

erläutert. In durchaus anderer Weise wiederum, nicht an der Hand der obersten Theorien, sondern mit dem Vorsatz, sich unmittelbar an die 'Beobachtung' zu lehnen, hatte z. B. Quetelet mit seiner Idee einer 'Physique sociale' und seinen Versuchen ihrer Verwirklichung es unternommen des Glückes habhaft zu werden, der Urheber des Pendants der Erfolge zu sein, welche die Namen von Newton und Laplace unsterblich gemacht.

Ueberall liegt Naturwissenschaft zu versuchen unserm Zeitalter im Blute. Und niemand konnte auf das Leben und Treiben der Natur= forschung, auf die Anerkennung ihrer Herrschaft in dem alten Stamm= gebiet ihrer Erfolge, wie auf die gigantisch kühnen Hoffnungen, wo überall noch ihre Anschauungsweise Triumphe zu feiern berufen sei, freudiger eingehen, als Lotze gethan. War doch ein volles Jahrzehnt seine literarische Thätigkeit von der Art gewesen, daß viele meinten, es sei in ihm gar nichts anderes mehr, als Naturwissenschaft, daß sie ihn den Naturforschern, und zwar den Physiologen zuzählten, für einen 'Philosophen' dagegen nicht ansehen wollten. Kaum daß einmal am Schluß einer seiner Schriften (die allemal da abbrachen, wo ein 'Philo= soph' zu beginnen gehabt haben würde) eine Erklärung mitunterlief wie: der Autor hoffe, auf das Grenzgebiet zwischen Aesthetik und Phy= siologie bei anderer Gelegenheit zurückzukommen; oder daß die 'Göttinger Studien' ein paar Aufsätze 'Ueber den Begriff der Schönheit' (1845) und 'Ueber Bedingungen der Kunstschönheit' (1847) von Lotze enthielten, welche Jene etwa für den letzten Ausklang früher einmal betriebener philosophischer Studien Lotze's ansehen mochten. Je williger aber Lotze bei der Naturforschung in die Schule gegangen, je gründlicher er seine Vorstellungen von Wissenschaft und Wissenschaftlichkeit sich an den mathe= matisch=physikalischen Disciplinen gebildet und mit ihren Methoden und Resultaten sich vertraut gemacht hatte, je rückhaltloser er demgemäß aufgegeben, was an dem Gedankenbau der idealistischen deutschen Philo= sophie unseres Jahrhunderts unhaltbar war gegenüber der Naturwissen= schaft, je offener er gelten ließ, daß die Befriedigung, welche der große Kreis jener Ansichten, an die uns die Namen Fichte, Schelling, Hegel erinnern, den Interessen des menschlichen Geistes nach allen Seiten seines Wesens hin zu gewähren versucht hatte, nicht erreicht, daß der Versuch mißlungen sei: um so fester hielt er daran, daß das, wovon der Kreis jener Ansichten die Befriedigung hatte sein wollen, wahrhafte und respectable menschliche Interessen seien, die man auch nicht als unbefriedigbar kurzweg um deswillen hinstellen dürfe, weil nicht die Naturforschung sie zu befriedigen vermöge. Je aufrichtiger der Natur= forschung seine Liebe und Hochachtung galt, je voller er den Stolz auf sie theilte, um so weniger war er gewillt, aus einem Segen zu einem Un= heil für unsere Zeit und die menschliche Cultur sie werden zu lassen. Je

freudigere Anerkennung bei ihm fand, was durch Calcül, Mikroskop und
Retorte gefunden worden war, um so weniger hatte er Luft, etwas
schon um deswillen gering zu schätzen, weil es nicht Calcül oder Er=
gebniß eines Calcüls war, oder etwas schon um deswillen für Hirn=
gespinnst zu erachten, weil es nicht in Mikroskop oder Retorte zu finden.
Für ein je werthvolleres Bestandstück einer befriedigenden Weltan=
schauung er die 'mechanische Naturansicht' hielt, um so weniger wollte
er gelten lassen, daß sie für sich allein das Ganze einer Weltan=
schauung ausmachen könne. Und je mehr er selbst bemüht gewesen
war, den Grundsätzen der mechanischen Naturbetrachtung 'Eingang auf
einem Gebiete zu verschaffen, das sie zaghafter zu betreten schien, als
das Wesen der Sache gebot', um so mehr fühlte er den Antrieb, 'nun
auch jene andere Seite hervorzukehren, die während aller jener Be=
strebungen ihm gleich sehr am Herzen lag'. Mit einer Fassung, die,
falls sie nicht durchaus correct sein sollte, demjenigen, dem er begegnen
will, eher zu viel als zu wenig einräumt, sprach er daher die Gesammt=
aufgabe, die betreffs der mechanischen Naturbetrachtung erwachse, dahin
aus, es gelte nachzuweisen und die Einsicht lebendig zu machen: 'wie
ausnahmslos universell die Ausdehnung und zugleich wie völlig unter=
geordnet die Bedeutung sei, welche der Mechanismus in dem Baue der
Welt zu erfüllen hat'.

Nicht auf allen Gebieten des Daseins jedoch fühlt sich unser Zeit=
alter mit der 'mechanischen Auffassung' in gleicher Weise daran. Im
Bereich der leblosen Natur, für den Makrokosmus ist es von Jugend
auf an sie gewöhnt. Wo sie ihm ernstliche Scrupel macht, wo es in
der That nicht recht aus und ein mit ihr weiß, wo es sich ihrer weder
zu erwehren noch durch sie befriedigt zu fühlen vermag, wo allerhand
Unlengbares und Unantastbares ihm unvereinbar mit ihr erscheint: das
ist bei Betrachtung des Lebens, des organischen, insbesondere des
menschlichen Daseins; auf dem Gebiet also, dem Lotze's eigene Be=
strebungen für Einbürgerung der mechanischen Naturbetrachtung zuge=
wandt gewesen waren. Umsomehr lag es ihm nahe, nun auch beim
'Hervorkehren der anderen Seite' besonders auf das menschliche Dasein,
den Mikrokosmus menschlichen Wesens und die Fragen Rücksicht zu
nehmen, 'welche Bedeutung in dem großen Ganzen der Natur, deren
beständigem Einflusse wir uns nach den Ergebnissen der neueren Wissen=
schaft mehr als je unterworfen fühlen, der Mensch und das menschliche
Leben mit seinen beständigen (in jedem Individuum und jeder Gene=
ration wiederkehrenden) Erscheinungen und dem veränderlichen Laufe
seiner Geschichte nun eigentlich hat'.

Aus solchen Gedanken und Plänen heraus ist Lotze die Schöpfung
eines Meisterwerkes gelungen, nicht blos der Fach=, sondern der deut=
schen National=Literatur, welches in glänzender Weise die Verpflichtung

erfüllt, die ihm der Autor gleich durch den Titel auferlegt hat: eben-
bürtig dazustehen neben Humboldt's Kosmos und Herder's Ideen
zur Philosophie der Geschichte der Menschheit.

Art und Gang der Untersuchung, welcher Lotze die allgemeinen,
aller unserer Auffassung und Beurtheilung der Welt und des Lebens
zu Grunde liegenden Begriffe und Vorstellungsweisen unterzieht, hat
u. A. Hugo Sommer einmal in einem Artikel der 'Preußischen Jahr-
bücher' (Bd. 47) sehr gut charakterisirt. Die ungenaue Fassung, in
welcher diese Principien aller unsrer Auffassung und Beurtheilung für
gewöhnlich im Leben und den einzelnen Wissenschaften unsern Gedankengängen innewohnen, ist der Anlaß davon, daß wir uns in die Widersprüche und Schwierigkeiten verwickelt finden, um derentwillen philosophische Forschung überhaupt zum Bedürfniß wird. Lotze hat sich nun
angelegen sein lassen, die Aufmerksamkeit darauf zu lenken, daß über
'sein' 'sich verändern' 'wirken' 'leiden' ꝛc. sich nicht verhandeln lassen
würde mit einem, der nicht an sich selber erlebt hätte und dem nicht
in Gestalt solcher unmittelbarer Erfahrung bekannt wäre, was wir
damit meinen. Auf ungemein ansprechende Art hat er da nun in jedem
Falle immer das klar gestellt, was in dieser Weise als unmittelbar
erlebt und durch solches unmittelbares Erlebtsein bekannt vorausgesetzt wird, und wofür der Name zu sein der ursprüngliche Sinn dieser
in unsern Gedankengängen für gewöhnlich so vieldeutig gewordenen
termini technici ist. Und er hat damit für die gesammte philosophische Bearbeitung dieser Begriffe und der um sie erwachsenenen Ge-
dankenkreise eine feste, sichere und nutzbare Basis geschaffen. Alle
Schriften Lotze's enthalten wahre Cabinetsstücke derartiger Arbeit, der
'Mikrokosmus', die 'Geschichte der Aesthetik in Deutschland' (München
1868), das 'System der Philosophie' (1. Bd., Logik, 1874; 2. Bd.,
Metaphysik, 1879), das zu vollenden ihm nicht mehr beschieden sein
sollte.

Natürlich wird häufig genug der Fall eintreten, daß das, was
Lotze gemeint, noch nicht das letzte Wort ist, was die Wissenschaft
in der betreffenden Hinsicht zu sagen hat. Bei dem Stadium wissenschaftlicher Entwickeltheit oder vielmehr Nochunentwickeltheit, in welchem
sich Philosophie dermalen befindet, wäre es absurd, das überhaupt
anders zu erwarten. Nie mehr, als in einer solchen Epoche, kommt
man in jeder Wissenschaft jedem bedeutenden Vertreter gegenüber in
die Lage zu bedauern, daß ihm nicht vergönnt gewesen, sein eigener
Nachfolger zu sein; und es kann keine größere Anerkennung der Be-
deutendheit und Erfolgreichigkeit seines Wirkens geben, als die, welche
hierin sich findet. Sogar ein Riese vermag nicht so weit zu sehen, als
selber ein Zwerg, vorausgesetzt, daß diesen das Glück auf des Riesen
Schultern postirt hat. Nicht mehr zu meinen aber, daß Philosophie

wie ein Kunstwerk von Eines Menschen Geiste fix und fertig geschaffen werden könne, sondern der Ueberzeugung zu leben, daß wie in aller andern Wissenschaft so auch in ihr Vollendung nur durch die gemeinsame in einander greifende Arbeit vieler auf einander folgender Geschlechter zu erreichen sein werde: das gehört zu dem Bestande reellen Fortschritts, der in Philosophie nachgerade denn doch, und nicht zum geringsten Theil gerade durch Lotze, gemacht ist.

IV.

Lotze war früh schon in Göttingen völlig heimisch geworden. In beglückender Häuslichkeit, als akademischer Lehrer ein namentlich seit der Mitte der 1850er Jahre (der Zeit, wo der 'Mikrokosmus' zu er= scheinen begann) immer festere Wurzeln gewinnendes Wirken entfaltend, hochgeachtet von seinen Collegen und einem großen Kreise derselben in Freundschaft verbunden, hatte er die Göttinger gewöhnt, alle Verhand= lungen mit ihm über eine Berufung an eine andere Universität damit enden zu sehen, daß er in Göttingen blieb. Im Winter 1866/1867 begehrten zu gleicher Zeit drei Universitäten (Berlin, Bonn und Leipzig), daß er an sie übersiedele. Es hing an einem Haar, daß er sich für Leipzig entschied; die Bitte seines greisen Collegen Heinrich Ritter gab den Ausschlag, daß er schließlich doch noch ablehnte.

Als im Frühling 1880 der Ruf nach Berlin von Neuem an ihn erging, hatte sich in seinen Göttinger Verhältnissen gegen früher doch manches geändert. Seine Gattin, die vertraute Genossin seiner Mühen und Freuden, hatte einige Jahre zuvor der Tod ihm entrissen. Zwei seiner Söhne, praktische Aerzte, hatten sich bereits ihre eigene Heim= stätte gegründet; es war abzusehen, wann auch den jüngsten noch sein Beruf aus dem Vaterhaus hinausführen würde. — Die Persönlichkeit Zeller's, seines Special=Collegen falls er nach Berlin ging (die Herren hatten sich in dieser Zeit persönlich kennen gelernt), sprach ihn an. Von einem Besuch in Berlin Mitte Juni 1880 (er war bis dahin noch nie dort gewesen; seine gelegentlichen Erholungsreisen waren nach dem Rhein, dem Schwarzwald, den Alpen und Oberitalien gegangen) kam er recht befriedigt zurück. In Berlin endlich durfte er hoffen frei von Etwas bleiben zu können, was er sich in Göttingen (wie ein in der Mitte der 1870er Jahre gemachter Versuch ihn belehrt, s. S. 112), so unsympathisch es ihm auch war, bleibend dermalen nicht wohl fern halten konnte: Sonnabend für Sonnabend, als Mitglied der betreffenden Prüfungscommission, Candidaten des höhern Schulamts auf den Besitz der allgemeinen Bildung im Bereich der Philosophie=und=Pädagogik zu examiniren — eine Beschäftigung, hinsichtlich deren man ja freilich nur wünschen kann, daß es mehr und mehr allgemein werden möge, einen tüchtigen Schulmann als die normale Persönlichkeit dafür zu er=

achten und den Professor der Philosophie nur dann zuzuziehn, wenn der Candidat nicht blos die 'allgemeine Bildung' prästiren, sondern die betreffende 'facultas', für philosophische Propädeutik, erwerben will.

Und so geschah denn das den Meisten überraschende: Lotze nahm dies Mal die Berufung an.

Er hat in keiner Weise ein Hehl daraus gemacht, daß ihm der Abschied von Göttingen schwer ward. Aber er würde aller Wahrscheinlichkeit nach auch in Berlin bald heimisch geworden sein. Seine Arbeit hatte auch dort wieder in der gesegnetsten und ihn selber befriedigendsten Weise begonnen. Eine so zahlreiche Zuhörerschaft, wie sie sich in Berlin, namentlich in seinem Lieblings=Colleg, dem über Psychologie, um ihn versammelt hatte, war in Göttingen selbstverständlich nicht möglich; und eine zahlreiche Zuhörerschaar war ihm eine Freude. Ungeahnt hat der Tod die Weiterentfaltung dieser unter so günstigen Auspicien begonnenen Thätigkeit auf der Kathedra Fichte's und Hegel's vernichtet. Das Einzige, was man sich zur Beruhigung sagen kann, ist: daß er nicht einem tückischen Zufall, etwas Vermeidbarem erlegen, sondern daß ein Uebel, nicht erst von heut stammend oder von gestern, nun eben das Stadium erreicht hatte, wo es den Organen seines Körpers nicht mehr zu functioniren gestattete. Mitten aus der Ernte, die ihm aus unermüdlicher angestrengtester Arbeit erwachsen, hat Gott ihn gerufen. Sein Name wird fort und fort genannt werden in der Reihe der Meister, durch welche Philosophie in 'den sichern Gang einer Wissenschaft' kam.

B.
Lotze's Abgangszeugniß vom Gymnasium zu Zittau.

Q. D. B. V.

Juvenis ornatissimus

Rudolphus Hermannus Lotze

natus Budissae

inde ab A. D. XXIV Mart. MDCCCXXVIII usque ad A. D. XXII Mart. MDCCCXXXIV Gymnasii nostri civibus ascriptus scholis summa assiduitate interfuit, ac per illud temporis spacium et litterarum egregio studio et morum candore summo ita se commendavit nobis atque eum se praestitit, ut non nisi honorificentissime de eo statuendum judicaremus, in maturitatis autem probatione palmam auferret et imprimis dignus censeretur, qui ad altiora studia in universitate litterarum persequenda dimitteretur. Neque unquam desiignavit quicquam, quod nobis videretur reprehendendum, sed summa semper gratia ac laude apud omnes floruit.

Quae omnia his litteris voluimus testata, inque ejus rei fidem nomina nostra ascripsimus singuli ac scholae sigillum apponendum curavimus.

Scripsimus in Gymnasio Zittaviensi A. D. XXII Mart. MDCCCXXXIV.

Nos Curatores et Magistri Gymnasii Zittaviensis:
(L. S.)

Ernſt Wilhelm Friedrich Juſt, Bgmſtr. und erſtes Mitgl. b. Schul-Commiſſion.

Ernſt Siegmund Wilhelm Kühn, Stadt-rath u. Vorſ. bei b. Schul-Commiſſion.

Carl Julius Klemm, Past. Prim. Insp. Gymn.

Fridericus Lindemannus, Director.
M. Ferd. Henricus Lachmann, Conr.
Leopoldus Immanuel Rückert, Subr.
M. Carol. Leberecht Scheibe, Cantor.
Johann Gottlieb Rätze, Coll. V.
Carolus Ernestus Lange, Coll. VI.
Henric. Mauricius Rückert, Coll. VII.

C.

Lotze's Abgangszeugniß von der Univerſität Leipzig.

Von dem Univerſitäts-Gerichte zu Leipzig wird bezeugt, baß

Rudolph Hermann Lotze
Stud. Med. et Philos. aus Bautzen

von Zeit ſeiner Inſcription de dato den 3. Mai 1834 an ſich auf hieſiger Univerſität

Ein Jahr Zehn Monate Fünfundzwanzig Tage

laut der beigebrachten Zeugniſſe aufgehalten, wirklich ſtudiret, die Vor-leſungen fleißig beſucht hat, und gegen ſein Betragen etwas Widriges nicht vorgekommen, auch der Verdacht einer Theilnahme an verbotenen Verbindungen gegen ihn nicht entſtanden iſt.

Gegeben Leipzig, den 28. März 1836.

(L. S.)   D. Karl Fr. Günther,
b. Z. R. d. Univ.

D. Carl Adolph Küling,   Chriſtian Ernſt Mirus,
Univ.-Richter.   Univ.-Secretair.

Verzeichniß der als gehört beſcheinigten Vorleſungen.
Sommer-Semeſter 1834.

Anleitung zum Studium der Medicin. Herr D. Kneſchke.
Oſteologie und Syndeſmologie. Herr Prof. D. Weber.
Aeſthetik. Herr Prof. M. Weiße.
Geſchichte der Philoſophie ſeit Kant. Derſelbe.
Einleitung in die mediciniſche Literatur. Herr D. Kneſchke.

Winter-Semester 1834—35.

Myologie und Splanchnologie. Herr Prof. D. Weber.
Angiologie und Neurologie. Derselbe.
Religionsphilosophie. Herr Prof. M. Weiße.
Unorganische Chemie. Herr Prof. D. Kühn jun.

Sommer-Semester 1835.

Physiologie. Herr Prof. D. Weber.
Allgemeine Anatomie. Derselbe.
Allgemeine Chemie. Herr Prof. D. Kühn jun.
Botanische Excursionen und Demonstrationen. Herr Prof. D. Schwägrichen.

Winter-Semester 1835—36.

Allgemeine Pathologie. Herr Prof. D. Braune.
Naturgeschichte. Herr Prof. D. Schwägrichen.
Vergleichende Anatomie. Herr Prof. D. Bollmann.
Specielle Physiologie. Herr Prof. D. Weber.
Entwicklungsgeschichte. Derselbe.
Secirübungen. Derselbe.
Chemisch-praktische Uebungen. Herr Prof. D. Kühn jun.
Anthropologie. Herr Hofrath Prof. D. Heinroth.
Einleitung in die Philosophie. Herr Prof. M. Weiße.
Geschichte der deutschen Literatur des 18. und 19. Jahrhunderts. Derselbe.

Wider Herrn Rudolph Hermann Lotze aus Bauzen ist auch vom 28. März 1836 bis zu dem heutigen Tage, als so lange derselbe auf hiesiger Universität sich aufgehalten und Medicin studirt, auch während dieser Zeit die nachverzeichneten Vorlesungen laut der beigebrachten Zeugnisse fleißig besucht hat, etwas Widriges nicht vorgekommen, und hat sich derselbe der Theilnahme an verbotenen Verbindungen weder schuldig noch verdächtig gemacht.

Leipzig, den 28. Juni 1838.

D. Wilhelm Ferdinand Steinacker,
d. Z. Rector.

D. Carl Adolph Küling,   Böttger,
Univ.-Richter.   Act.

Verzeichniß der als gehört bescheinigten Vorlesungen.

Sommer-Semester 1836.

Entbindungskunst. Herr Hofrath Prof. D. Jörg.
Chirurgie. Herr Prof. D. Kuhl.
Therapie der Entzündungen. Herr. Prof. D. Cerutti.

Winter-Semester 1836—37.

Ueber Schwindsucht, Wassersucht, Gicht u. s. w. Herr Prof. D. Cerutti.

Receptirkunst. Herr D. Kneschke.

Sommer-Semester 1837.

Klinik. Herr Hof- und Medicinal-Rath Ritter Prof. D. Clarus, Herr Prof. D. Kuhl und Herr Prof. D. Wendler.

Poliklinik. Herr Prof. D. Cerutti.

Pathologische Anatomie. Derselbe.

Chirurgische Klinik. Herr Prof. D. Kuhl.

Chirurgische Operationen. Derselbe.

Auscultation in der geburtshülflichen Klinik. Herr Hofrath Prof. D. Jörg.

Winter-Semester 1837—38.

Klinik. Herr Hof- und Medicinalrath Ritter Prof. D. Clarus, Herr Prof. D. Kuhl und Herr Prof. D. Wendler.

Poliklinik. Herr Prof. D. Cerutti.

Pathologische Anatomie. Derselbe.

Chirurgische Klinik. Herr Prof. D. Kuhl.

Chirurgische Operationen. Derselbe.

D.

Verzeichniß der literarischen Publicationen Lotze's.

I. Selbständige Werke, Abhandlungen in Zeitschriften ꝛc.

De futurae Biologiae principiis philosophicis. Dissertatio inauguralis medica, quam Gratiosi Medicorum Ordinis auctoritate in Academia Lipsiensi pro summis in Medicina et Chirurgia honoribus rite capessendis Illustris ICtorum Ordinis venia in Auditorio Juridico D. XVII. M. Julii A. MDCCCXXXVIII publice defendet auctor *Rudolphus Hermannus Lotze*, Budissino-Lusatus, Medic. Baccal., Philos. D. AA. RR. M. Lipsiae, typis Breitkopfio-Haertelianis.

Daß der medicinischen Facultät von Lotze eingereichte Curriculum vitae findet sich abgedruckt in dem zu der Leipziger Disputation und Promotion einladenden Programm (p. 9—11) des damaligen Procancellarius der Universität Leipzig Prof. C. G. Kühn: Apollonii Citiensis de articulis reponendis commentationis e cod. bibl. Laurent. erutae Pars VI., und lautet wie folgt:

Natus Budissae Lusatorum die XXI. mensis Maii MDCCCXVII, patre Carolo Friderico, matre Christiana Carolina e gente Noacina, paullo post cum exercitus pedestris cohorte, cui pater medicus addictus erat, migravi Zittaviam. Caius civitatis scholam publicam quum per plures annos frequentassem, receptus sum anno XXVIII inter alumnos Gymnasii Zittaviensis a rectore Lindemanno, cuius viri de me meritissimi memoriam pie semper colendam retinebo. Anno vero proxime insecuto patrem dilectissimum praematura morte abreptum luxi. Inde expletis iterum annis sex postquam praeceptorum optimorum doctrina adiutus prima eruditionis tirocinia superavi, a. XXXIV Lipsiam adii et Magnifici Brandesii auspiciis d. IV. Maii in civium academicorum numerum receptus sum. Ex illo tempore arti medicae operam dedi, illustrium virorum disciplina usus. Docuit enim Exc. Weberus anatomiam, physiologiam, evolutionem corporis humani, nec doctrinam solum sed probatissima etiam eruditā atque ingenua humanitate me adiuvit. Librorum de rebus medicis conscriptorum cognitionem paravit mihi Exc. Kneschke, cui viro amicissimo placent gratias meas acceptare in communem patriam mox abeuntis. Historiam naturalem, zoologiam ac botanicen exposuit Exc. Schwägrichen, chemiam tam generalem quam specialem Exc. Kühn iunior, physicen Exc. Fechner, anatomiam comparatam Exc. Volkmann, quem procul nunc degentem memor saluto. Superato deinde a. XXXVI examine pro baccalaureatu ad practicam me transgressum disciplinas morborum naturam praelectionibus docuerunt Exc. Braune et Cerutti; ad lectulos aegrotorum de generis humani vicissitudinibus ac laboribus, morborumque complicationibus, periodis, prognosi et auxiliis exponentem audivi Clarum, Virum Perillustrem, cuius in meis etiam rebus providentam benevolentiam saepius expertus sum. De cataractae generibus aliisque oculorum morbis exposuit mihi Exc. Kuhn senior, Ordinis nostri h. t. Decanus maxime spectabilis; de exanthematibus ac de stethoscopii usu Ill. Clarus; de arte formulas medicas conscribendi Exc. Kneschke, de materia medica b. Haase, de pathologica anatomia Exc. Cerutti, de anthropologia Ill. Heinrothus me erudivit. Chirurgiam me docuit eamque ad lectulos aegrotorum nec non institutus in cadavere operationibus explicuit Exc. Kuhl. Artem obstetriciam docente Ill. Joerg audivi, nec non per semestre demonstrationibus aliis clinicis interfui. Magnum denique ultimo tempore scientiae augmentum cepi ex Virorum Exc. Cerutti et Braunii ingenua et amica consuetudine policlinica. Anni autem huius mense Martio philosophiae doctor et artium magister creatus, examen rigorosum superavi d. IXX. mens. Junii.

Restat, ut omnibus illis Viris, quorum ingenua humanitas nunquam ex animo meo evanescet, gratias agam maximas, quas facto comprobare utinam fata mihi concedant!

Vergl. auch Repertorium der gesammten deutschen Literatur, herausgeg. v. E. G. Gersdorf, Bd. XXII Heft 3 (Literar. Miscellen Seite 19. 20).

Den philosophischen Doctorgrad hatte Lotze schon vorher, ebenfalls in Leipzig, 1838 'antiquo ritu', wie man es nannte, 'am Tage nach Fastnacht' (d. h. in jenem Jahre: am 1. März) erworben, zugleich mit Lobeg. Fr. Constant. Tischendorf a. Lengefeld, Jul. Bezholdt a. Dresden, J. Geo. Fr. Rosenmüller a. Belgershain, Guil. Alex. Zeiß a. Weimar, J. Gottfr. Schneider a. Zittau, H. W. Herz a. Dresden, Abo. Thb. Herm. Fritzsche a. Grolzsch. — Man promovirte damals bei der Leipziger philos. Facultät 'antiquo ritu' und 'per diploma'. Die Promotion 'antiquo ritu' hat die Facultät einige Jahre darauf, 1842, abrogirt. Vergl. Repertorium der ges. deutschen Literatur, herausgegeben von Gersdorf, Bd. XVIII Heft 6 (Literar. Miscellen Seite 54. 55) und Bd. XXXIV Heft 6 (Literar. Miscellen Seite 76), namentlich aber die beiden Gottfried Hermann'schen Programme:

Annuam Magistrorum Creationem atque Inaugurationem Cal. Martius A. MDCCCXXXVIII in conclavi Ordinis Philosophorum rite peractam nunciat Godofredus Hermannus, h. t. Decanus. — *Disputatio de Aeschyli Psychostasia.*

De Aeschyli tragoediae fata Ajacis et Tesseri complexis dissertatio. Creationi XXX Philos. Doctt. et AA. LL. Magg Calendis Martiis A. MDCCCXXXVIII. Rectore Magnifico D. Guil. Ferd Steinackero Procancellario Frid. Christ. Aug. Hassio scripta a Decano Godofredo Hermanno.

Prof. G. Hartenstein theilte in einem Brief vom 4. Dec. 1881 aus seiner Erinnerung an Lotze das Folgende mit: 'Im Jahre 1838 bestand in Leipzig noch die Einrichtung, daß zur Fastnachtszeit mehrere Candidaten für die philosophische Doctorwürde examinirt und nach überstandenem Examen gemeinschaftlich als Magister liberalium artium et Philosophiae doctores proclamirt wurden. Einer der neucreirten Magister (der Doctortitel war damals noch nicht gebräuchlich) hatte dann am Schlusse des Actes vor versammelter Facultät eine kurze Dankrede zu halten. Diese hatte bei der damaligen Promotion Lotze übernommen, und ich erinnere mich noch sehr wohl, welchen Eindruck damals das Feuer, ich möchte sagen die innerlich zurückgehaltene Gluth des wissenschaftlichen Eifers auf mich gemacht hat, die in der Art, wie er sprach, zu spüren war'.

Die der philosophischen Facultät von Lotze eingereichte Fassung des Curriculum vitae ist zu finden in dem vorhin an zweiter Stelle genannten G. Hermann'schen Programme (De Aeschyli tragoedius ct.) pag. 33, und wieder abgedruckt pag. 93 der 2. Aufl. von Lotze, Grundzüge der Psychologie.

De Summis Continuorum. Scripsit et Amplissimi Philosophorum Ordinis auctoritate D. XXV. Maji Illustris ICtorum Ordinis concessu in Auditorio Juridico publice defendet *Hermannus Lotze*, Zittaviensis, Med. Chir. Phil. D. AA. LL. M., assumpto socio *Gustavo Schilling*, Kothano, Philosophiae Studioso. Lipsiae, typis Breitkopfii et Haertelii MDCCCXL.

Theses Disputationis:
I. Methodo Euclidea non parari adaequatam rerum geometricarum explicationem.
II. Tollendam esse omnem virium notionem ex rerum natura consideratione speculativa.
III. Nullam esse in rebus a genere humano aut gestis aut gerendis progressionem a minori ad majus, sed differentiam inter culturam atque culturae obstacula per omnia tempora magnitudinem esse constantem.
IV. Aestheticam doctrinam recensendam esse inter disciplinas physicas.

Gedichte von H. Lotze. Leipzig, Weidmann'sche Buchhandlung. 1840.

Bemerkungen über den Begriff des Raumes. Sendschreiben an Dr. Ch. H. Weiße, von Dr. Hermann Lotze in Leipzig. — 'Zeitschrift für Philosophie und speculative Theologie', herausgeg. von J. H. Fichte Bd. VIII (= der Neuen Folge Bd. IV), Bonn 1841, Seite 1—24.

Vergl. Ch. H. Weiße, Ueber die metaphysische Begründung des Raumbegriffes. Antwort an Herrn Dr. Lotze — in demselben Bande dieser Zeitschrift, Seite 25—70. J. Prince-Smith, Deduction des Raumbegriffs und der drei Abmessungen des Raumsinhalts. Sendschreiben an Prof. Dr. Hermann Lotze in Leipzig — in derselben Zeitschrift Bd. X (1843) Seite 63—170.

Metaphysik. Von Dr. Hermann Lotze, Docent. der Medicin und Philosophie an der Universität Leipzig. Leipzig 1841.

Besprechungen dieses philosophischen Erstlingswerkes Lotze's finden sich: (v. Ch. H. Weiße) in der 'Zeitschrift für Philosophie u. speculat. Theologie' Bd. IX (1842), Heft 2, Seite 301—320; — (von R. W. Drobisch) in den 'Neuen Jenaischen Literaturzeitung' 1843 No. 136—138 (8. 9. 10. Juni); — (von H. Ritter) in den 'Gotting. gelehrten Anzeigen' 1843, Stück 125—127, Seite 1241—1254.

Allgemeine Pathologie und Therapie als mechanische Naturwissenschaften. Von Dr. *R. Hermann Lotze*, Docenten der Medicin und Philosophie an d. Univ. Leipzig. Leipzig 1842. — 2. verbesserte Auflage. ebd. 1848.

Das Vorwort der 1. Aufl. ist datirt: 'Leipzig den 14. August 1842'.

Logik. Von Dr. R. Hermann Lotze, außerord. Professor der Philosophie und Doc. der Medicin an der Universität Leipzig. Leipzig 1843.

Herbart's Ontologie. Von Professor Dr. Hermann Lotze — 'Zeitschrift für Philosophie u. speculat. Theol.', Bd. XI (Tübingen 1843), Seite 203—234.

Vergl. Drobisch, zur Verständigung über Herbart's Ontologie — in derselben Zeitschrift Bd. XIII (1844), Seite 37—68.

Leben. Lebenskraft, vom Prof. H. Lotze in Leipzig — im 'Handwörterbuch der Physiologie', herausgegeben von Rudolph Wagner, 6. Lieferung, Braunschweig 1843.

Die Logische Abhandlung über 'Leben, Lebenskraft' steht jetzt, in dem fertigen Werke, (Seite IX—LVIII) als Einleitung zum Ganzen an der Spitze des ersten Bandes von R. Wagner's Handwörterbuch b. Physiol. (mit dem Titelblatt 'Braunschweig 1842'). Veröffentlicht worden aber ist sie erst in der 6., den Schluß des ersten Bandes bildenden, Lieferung. — In dem mit der 1. Lieferung veranßgabten, von R. Wagner 'Göttingen, im Februar 1842' datirten Prospectus kommt in der Aufzählung der Mitarbeiter der Name Lotze's noch gar nicht mit vor.

Instinct, vom Professor Lotze in Göttingen — im 'Handwörterbuch der Physiologie', herausgeg. v. R. Wagner, 8. Lieferung, Braunschweig 1844 (= Band II, Seite 191—209).

Ueber den Begriff der Schönheit — in 'Göttinger Studien. 1845' (Gottingen, bei Vandenhoeck u. Ruprecht), 2. Abtheilung, Seite 67—125 [auch separat erschienen].

Seele und Seelenleben — im 'Handwörterbuch der Physiologie', herausgeg. v. R. Wagner, Lieferung 13 14, Braunschweig 1846 (= Bd III, Abtheilung I, Seite 142—264).

Ueber Bedingungen der Kunstschönheit — in 'Gottinger Studien. 1847' (Gottingen, Vandenhoeck u. Ruprecht), 2. Abth. 1. Liefg. Seite 73—150 [auch separat erschienen].

Allgemeine Physiologie des korperlichen Lebens. Leipzig 1851.

Medicinische Psychologie oder Physiologie der Seele. Leipzig 1852.

Das Werk ist beim Verleger nicht mehr zu haben. — Von Lotze neu u. erarbeitet, ist das erste Buch des Werkes unter dem Titel:

Principes généraux de Psychologie physiologique, par Hermann Lotze. Nouvelle édition, traduite de l'allemand par A. Penjon. Paris, libraire Germer Baillière et Cie. 1876 — 2. édit. ibid. 1881.

als ein Band der 'Bibliothèque de Philosophie contemporaine' in französischer Uebersetzung erschienen.

Quaestiones Lucretianae — im 'Philologus, Zeitschrift fur das klassische Alterthum', herausgeg. v. F. W. Schneidewin, 7. Jahrgang (Gottingen 1852) Seite 696—732.

Psychologische Untersuchungen. I. Ueber die Stärke der Vorstellungen — in der 'Zeitschrift für Philosophie u. philos. Kritik', herausgeg. von J. H. Fichte, H. Ulrici und J. U. Wirth. Bd. XXII (Halle 1853), Seite 181—209.

Mikrokosmus. Ideen zur Naturgeschichte und Geschichte der Menschheit. Versuch einer Anthropologie. 1. Bd. Leipzig 1856. 2 Bd. ebb. 1858. 3. Bd. ebb. 1864. — Zweite Auflage, ebb. 1. Bd. 1869, 2. Bd. 1869, 3. Bd. 1872. — Dritte Auflage, ebb. 1. Bd. 1876, 2. Bd. 1878, 3. Bd. 1880. — Vierte Auflage, ebb. 1. Bd. 1884.

Eine russische Uebersetzung des Mikrokosmus, von E. Korsch, ist zu Moskau, im Verlag v. K. Ssoldatenkow, Br. I. II. 1866, Bd. III. 1867, erschienen. Gegenwärtig ist der Mikrokosmus in Rußland — verboten. Uebersetzungen des Werkes in verschiedene andere Sprachen sind, zum Teil schon seit Jahren, in Vorbereitung. Uebersetzungen einzelner Stücke desselben sind vielfach von Zeitschriften diesseits und jenseits des Oceans gebracht worden. So enthält z. B. die in New-York erscheinende Wochenschrift: 'The Inquirer' in ihrer Nummer vom 5. Juli 1877 (vol XXXII no. 31 — whole no. 1601) zugleich mit einem biographischen Artikel über Lotze eine Uebersetzung von der Einleitung zum Mikrokosmus. Andererseits sind Abschnitte aus dem Mikrokosmus auch als Musterstücke deutschen Stiles abgedruckt worden. So in einem von dem bekannten amerikanischen Sanskritforscher und Linguisten, Prof. W. D. Whitney am Yale-College zu Newhaven, herausgegebenen deutschen Lesebuch für höhere Unterrichtsanstalten (German reader, with notes and vocabulary. New York 1870) aus Band II, Buch 5, Cap. 2 das Stück 'vom Putz und Schmuck'. Bei uns in Deutschland z. B. in der Geschichte der deutschen Literatur' von Heinrich Kurz, Band IV Seite 944 ff. eine Probe aus dem Mikrokosmus Band III Seite 1—5. Nebenbei bemerkt, hat Kurz, wie das übrigens auch schon Rud. Gottschall (Die deutsche Nationalliteratur in der ersten Hälfte des neunzehnten Jahrhunderts, Breslau 1855, Band II Seite 65. 241. 655) begegnet war, aus dem Philosophen Lotze und dem Autor der 1840 erschienenen 'Gedichte von H. Lotze' zwei verschiedene Personen gemacht.

Streitschriften. Erstes Heft: In Bezug auf Prof. J. H. Fichte's Anthropologie (Persönliches. — Zur Atomentheorie. — Leben und Mechanismus. — Wechselwirkung zwischen Leib und Seele. — Vom Sitze der Seele). Leipzig 1857.

Antigona Sophoclis fabula. Latinis numeris reddidit Hermannus Lotze. Gottingae, sumptibus Georgii H. Wigandii 1857.

Die betr. Verlagsbuchhandlung befindet sich gegenwärtig in Kassel.

Geschichte der Aesthetik in Deutschland (= Geschichte der Wissenschaften in Deutschland. Neuere Zeit. Auf Veranlassung und mit Unterstützung Sr. Maj. des Königs v Bayern Maximilian II. herausgeg. durch die Historische Commission bei der Königl. Akademie d. Wissenschaften. 7. Bd.). München 1868.

System der Philosophie. Erster Theil: Drei Bücher der Logik. Leipzig 1874. 2. Auflage, ebd. 1880. — Zweiter Theil: Drei Bücher der Metaphysik. ebd. 1879. 2. Aufl., ebd. 1884

Eine französische Uebersetzung (das Werk der Sorgfalt und Beharrlichkeit des Herrn A. Duval zu Gernsbach bei Baden-Baden, von Lotze selber noch eingehend revidirt) ist vom 2. Theil dieses Werks unter dem Titel erschienen:

Métaphysique par Hermann Lotze. Traduction autorisée et revue par l'auteur. Paris, librairie de Firmin-Didot et Cie 1883.

Eine englische Uebersetzung von beiden Theilen des 'Systems der Philosophie' ist aus Kreisen der Universität Oxford hervorgegangen:

(Clarendon Press Series — Lotze's System of Philosophy Part I:) Logic in three books, of Thought of Investigation and of Knowledge, by Hermann Lotze. English Translation, edited by Bernard Bosanquet, M. A, Fellow of University College, Oxford. Oxford, at the Clarendon Press 1884

(— — Part II:) Metaphysic in three books, Ontology Cosmology and Psychology, by Hermann Lotze. English Translation, ed. by Bernard Bosanquet, M. A. etc. Oxford, Clarendon Press 1884

Der Urheber und ursprüngliche Mittelpunkt dieses Unternehmens war der am 26. März 1882 (erst 46 Jahr alt) verstorbene Professor Thomas Hill Green zu Oxford. Die fertige Uebersetzung ist die Frucht des Zusammenwirkens von Kennern, Fellows des Balliol-, University-, Brasenose- und Oriel-College. Von der Logik hat Buch I Mr. R. L. Nettleship, Buch II Kap. 1—5 Mr. F. H Peters Buch II Kap. 6—9 Mr. F. C. Conybeare. Buch II Kap. 10 Mr. B. Bosanquet (der Herausgeber), Buch III Mr. R. G Tatton übersetzt. Bei der Metaphysik ist Buch I (ganz) und Buch II Kap. 3 von † Prof. Green selber, Buch II Kap. 1. 2. 4 von dem Herausgeber Mr. B. Bosanquet, Buch II Kap. 5—6 von Rev. C A. Whittuck und Buch III von Mr. A. C. Bradley übersetzt worden. Diese verschiedenen Arbeiten hat Mr. Bernard Bosanquet alsdann revidirt und in all der Weise gefeilt und bearbeitet, die erforderlich war, wenn Ein Ganzes heraus werden sollte, mannigfach dabei unterstützt von Mr. J. Cook Wilson.

De la formation de la notion d'espace. La théorie des signes locaux. — 'Revue philosophique de la France et de l'Etranger', dirigée par

7*

Th. Ribot. Deuxième année. No. 10. Octobre 1877 (— Tome IV, p. 345—365). Paris, librairie Germer Baillière et Cie.

Alter und neuer Glaube, Tagesansicht und Nachtansicht. (Mit Beziehung auf G. Th. Fechner: Die Tagesansicht gegenüber der Nachtansicht. Leipzig 1879) — 'Deutsche Revue über das gesammte nationale Leben der Gegenwart', herausgeg. v. Rich. Fleischer. Mai 1879 (— Jahrgang III, Bd. 3, Seite 175—201). Berlin, Otto Janke.

Anfänge spiritistischer Conjectural-Kritik — in derselben Zeitschrift, December 1879 (— Jahrgang IV, Bd 1, Seite 321—329).

Philosophy in the last forty years. First article. — 'The Contemporary Review'. January 1880. p. 134—155 (Strahan & Co., 34 Paternoster Row, London).

L'infini actuel est-il contradictoire? Réponse à M. Renouvier. — 'Revue philosophique', dir. par Th. Ribot. Cinquième année. No. 5. Mai 1880 (— Tome IX, p. 481—492).

Vergl. die Artikel von Herrn Renouvier in der 'Critique philosophique' 1880 Nr. 3, 4, 5: L'infinité de l'espace et du temps dans la métaphysique de M. Lotze, und seine Replik in der 'Revue philosophique', Juni 1880: L'infini actuel est-il contradictoire? Réplique à M. Lotze.

Grundzüge der Psychologie. Dictate aus den Vorlesungen. Leipzig 1881. — 2. Auflage, ebd. 1882. — 3. Aufl., ebd. 1884.

Grundzüge der praktischen Philosophie. Dictate aus den Vorlesungen. Leipzig 1882. — 2. Aufl., ebd. 1884.

Die Principien der Ethik. — 'Nord und Süd. Eine deutsche Monatsschrift', herausgeg. v. Paul Lindau. Juni 1882 (— Heft 63. — Bd. XXI. 3), Seite 339—354. Breslau, S. Schottlaender.

Grundzüge der Religionsphilosophie. Dictate aus den Vorlesungen. Leipzig 1882. — 2. Aufl., ebd. 1884.

Geschichte der deutschen Philosophie seit Kant. Dictate aus den Vorlesungen. Leipzig 1882.

Grundzüge der Naturphilosophie. Dictate aus den Vorlesungen. Leipzig 1882.

Grundzüge der Logik und Encyclopädie der Philosophie. Dictate aus den Vorlesungen. Leipzig 1883.

Grundzüge der Metaphysik. Dictate aus den Vorlesungen. Leipzig 1883.

Grundzüge der Aesthetik. Dictate aus den Vorlesungen. Leipzig 1884.

II. Recensionen und Selbstanzeigen.

a) in den Hallischen Jahrbüchern für deutsche Wissenschaft und Kunst', herausgegeben von A. Ruge und Th. Echtermeyer.

2. Jahrgang, 1839.

Seite 1545—1592: K. W. Stark, Allgemeine Pathologie oder allgemeine Naturlehre der Krankheiten. Leipzig 1838.

b) In 'den Göttingischen gelehrten Anzeigen'.

1844.

Stück 140, Seite 1390—1398: *Amand Saintes*, histoire de la vie et de la philosophie de Kant. Paris et Hambourg 1844.

Stück 170—172, Seite 1695—1710: *F. Bouillier*, histoire et critique de la révolution Cartésienne. Lyon 1842.

1845.

Stück 124—127, Seite 1241—1272: G. Hartenstein, die Grundbegriffe der ethischen Wissenschaften. Leipzig 1844.

1846.

Stück 4—7, Seite 38—60: H. Kranse, über die Wahrhaftigkeit. Ein Beitrag zur Sittenlehre. Berlin 1844.

Stück 19, Seite 191. 192: K. W. Stark, allgemeine Pathologie oder allgemeine Naturlehre der Krankheit. 2 Bde. Leipzig 1844. 1845.

Stück 45. 46, Seite 447. 448: H Lotze, über den Begriff der Schönheit (Göttinger Studien 1845. 2. Abth. Seite 67—125).

Stück 57—60, Seite 561—588: J. H. Roosen, der Streit des Naturgesetzes mit dem Zweckbegriffe in den physischen und historischen Wissenschaften. Eine Einleitung in das Studium der Philosophie. Königsberg 1845.

Stück 77, Seite 761—768: F. Biese, philosophische Propädeutik für Gymnasien und höhere Bildungsanstalten. Berlin 1845.

Stück 89—91, Seite 881—893: *Bordas-Demoulin*, le Cartésianisme ou la véritable rénovation des sciences. Ouvrage couronné par l'Institut. Précédé d'un discours sur la réformation de la philosophie au dix-neuvième siècle, par *F. Huet*. 2 tomes. Paris 1843.

1847.

Stück 3. 4, Seite 28—43: G. Th. Fechner, über das höchste Gut. Leipzig 1846.

Stück 6—9, Seite 57—82: Th. Waitz, Grundlegung der Psychologie, nebst einer Anwendung auf das Seelenleben der Thiere, besonders die Instincterscheinungen. Hamburg u. Gotha 1846.

Stück 30—36, Seite 297—349: H. M. Chalybäus, Entwurf eines Systems der Wissenschaftslehre. Kiel 1846.

1848.

Stück 13, Seite 133—136: Joseph Freiherr v. Eichendorff, über die ethische und religiöse Bedeutung der neueren romantischen Poesie in Deutschland. Leipzig 1847.

Stück 57, Seite 556—564: F. W. Hagen, psychologische Untersuchungen. Studien im Gebiete der physiologischen Psychologie. Braunschweig 1847.

Stück 63—66, Seite 629—662· J. H. Roosen, Propädeutik der Kunst. Königsberg 1847.

Stück 82—85, Seite 817—852: H. Ulrici, das Grundprincip der Philosophie, kritisch u. speculativ entwickelt. 1. Th: Geschichte und Kritik der Principien der neuern Philosophie. Leipzig 1845. — 2. Th: Speculative Grundlegung des Systems der Philosophie od. die Lehre vom Wissen. ebd 1846.

Stück 87—89, Seite 874—885: F. Borländer, Wissenschaft der Erkenntniß. Im Abriß systematisch entworfen. Marburg u. Leipzig 1847.

Stück 169, Seite 1682. 1683: H. Lotze, über Bedingungen der Kunstschönheit (Göttinger Studien 1847. 2. Abth. Seite 73—150).

Stück 169, Seite 1684. 1685: Saverio Cavallari, zur historischen Entwicklung der Künste nach der Theilung des römischen Reichs (Göttinger Studien 1847. 2. Abth. Seite 222—279).

1849.

Stück 16, S. 159. 160: R. H. Lotze, allgemeine Pathologie u Therapie als mechanische Naturwissenschaften. 2. verb Aufl. Leipzig 1848.

Stück 144, S. 1427—1436: Joh. Heinr Löwe, über den Begriff der Logik u. ihre Stellung zu den andern philosophischen Disciplinen Wien 1849.

Stück 173—175, Seite 1721—1744: E Guhl, die neuere geschichtliche Malerei u. die Akademien. Mit einer Einleitung von Prof. Dr. F. Kugler. Stuttgart 1848

1850.

Stück 80—82, Seite 793—805: Das Leben einer Hexe. In Zeichnungen von Bonaventura Genelli, gestochen von H. Merz u. Gonzenbach. Düsseldorf und Leipzig s. a.

Stück 112—115, Seite 1118—1152: O. Domrich, die psychischen Zustände, ihre organische Vermittelung u. ihre Wirkung in Erzeugung körperlicher Krankheiten. Jena 1849.

Stück 152—156, Seite 1513—1559: Th. Waitz, Lehrbuch der Psychologie als Naturwissenschaft. Braunschweig 1849.

Stück 167, Seite 1661—1670: G. Th. Fechner, Nanna oder über das Seelenleben der Pflanzen Leipzig 1849.

1851.

Stück 100—102, Seite 993—1016: R. H. Lotze, allgemeine Physiologie des körperlichen Lebens. Leipzig 1851.

1852.

Stück 100—102, Seite 993—1014: R. H Lotze, medicinische Psychologie oder Physiologie der Seele. Leipzig 1852.

Stück 200—203, Seite 1993—2028: M. W. Drobisch, erste Grundlinien der mathematischen Psychologie Leipzig 1850

1853.

Stück 38—41, Seite 377—416: H. Ulrici, System der Logik. Leipzig 1852.

Stück 174—177, Seite 1737—1776: E. Pflüger, die sensorischen Functionen des Rückenmarks der Wirbelthiere nebst einer neuen Lehre über die Leitungsgesetze der Reflexionen. Berlin 1853.

1854.

Stück 146—148, Seite 1451—1475: G. Meissner, Beiträge zu Physiologie des Gehörgans. Leipzig 1854.

Stück 158—160, Seite 1580—1590: W. Schlötel, die Logik, neu bearbeitet. Göttingen 1854.

1855.

Stück 106—108, Seite 1049—1068: Eb. Hanslick, vom Musikalisch-Schönen. Ein Beitrag zur Revision der Aesthetik der Tonkunst. Leipzig 1854.

Stück 109—112, Seite 1081—1112: G. Th. Fechner, über die physikalische und philosophische Atomenlehre. Leipzig 1855.

Stück 153—155, Seite 1521—1538: H. Czolbe, neue Darstellung des Sensualismus. Ein Entwurf. Leipzig 1855.

1856.

Stück 51, Seite 498—507: *A. Lemoine,* du sommeil au point de vue physiologique et psychologique. Ouvrage couronné par l'Institut de France. Paris 1855.

Stück 52—55, Seite 513—542: Wilh. Fridolin Bollmann, Grundriß der Psychologie vom Standpunkte des philosophischen Realismus u. nach genetischer Methode. Als Leitfaden für academische Vorlesungen u. zum Selbststudium. Halle 1856.

Stück 61—63, Seite 613—632: Jürgen Bona Meyer, Aristoteles' Thierkunde. Ein Beitrag zur Geschichte der Zoologie, Physiologie und der alten Philosophie. Berlin 1855.

Stück 72—74, Seite 713—725: Aug. Weber, die neueste Vergötterung des Stoffs. Ein Blick in das Leben der Natur und des Geistes. Gießen 1856.

Stück 199, Seite 1977—1992: H. Lotze, Mikrokosmus. Ideen zur Geschichte u. Naturgeschichte der Menschheit. Versuch einer Anthropologie. 1. Bd. Leipzig 1856.

1857.

Stück 32, Seite 313—320: H. Czolbe, Entstehung des Selbstbewußtseins. Eine Antwort an Herrn Professor Lotze. Leipzig 1856.

Stück 36, Seite 353—356: *Antigona* Sophoclis fabula. Latinis numeris reddidit *Herm. Lotze.* Gottingae 1857.

Stück 52, Seite 513—520: J. H. Fichte, Anthropologie. Die Lehre von der menschlichen Seele. Neu begründet auf naturwissenschaftlichem Wege für Naturforscher, Aerzte u. wissenschaftlich Gebildete überhaupt. Leipzig 1856. — Herm. Lotze, Streitschriften. Erstes Heft. In Bezug auf Prof. Fichte's Anthropologie. Leipzig 1857.

1859.

Stück 8, Seite 73—80: H. Lotze, Mikrokosmus. 2. Bd Leipzig 1858.

Stück 93—95, Seite 921—939: J. H. Fichte, zur Seelenfrage. Eine philosophische Confession. Leipzig 1859.

Stück 104, Seite 1026—1035: Karl Snell, die Streitfrage des Materialismus. Ein vermittelndes Wort. Jena 1858.

1872.

Stück 8, Seite 293—302: Th. H. Weiße's System der Aesthetik. Nach dem Collegienhefte letzter Hand herausgeg. von Dr. Rudolf Seydel, außerordentl. Prof. d. Phil. in Leipzig. Leipzig 1872.

1876.

Stück 15, Seite 449—460: G. Teichmüller, neue Studien zur Geschichte der Begriffe. Erste Lieferung: Herakleitos. Gotha 1876.

1880.

Stück 16, Seite 481—497: Hoppe, die Scheinbewegungen. Würzburg 1879.

E.

Uebersicht über Lotze's Lehrthätigkeit an den Universitäten Leipzig, Göttingen und Berlin 1839—1881.

Bei der Aufstellung des nachfolgenden Verzeichnisses ist ausgegangen worden von den in den Lectionskatalogen angekündigten Vorlesungen. Dieselben sind mit lateinischen Lettern verzeichnet, und zwar (von 1844 an) mit aufrecht stehender Schrift diejenigen davon, welche wirklich gehalten worden sind; die andern mit Cursiv-Schrift.

Von 1844 an sind dann diesen in den Lectionskatalogen enthaltenen Vorlesungen angefügt und durch deutsche Lettern kenntlich gemacht worden diejenigen Vorlesungen, welche in der That gehalten, aber in dem Lectionskatalog für das betreffende Semester noch nicht mit aufgeführt sind.

Für die Leipziger Zeit dagegen, die Jahre 1839—44, schien es am geeignetsten, einerseits mitzutheilen (in lateinischer Cursiv-Schrift) das Verzeichniß der in den Lectionskatalogen angekündigten Vorlesungen für sich, und dem gegenüber (in deutschen Lettern) eine Zusammenstellung von Lotze wirklich gehaltener Vorlesungen für sich. — Betreffs der letztern läßt sich, vor der Hand wenigstens, nicht außer jeglichem Zweifel stellen, ob sie durchaus vollständig ist. Nach damaligem Leipziger Brauche verzeichneten diejenigen, welche an einer Vorlesung Theil nehmen wollten, ihre Namen eigenhändig auf einem dazu auszulegenden Bogen. Auf Grund eines Convoluts solcher Subscriptionsbogen, das sich in Lotze's Nachlasse fand, ist die nachfolgende Zusammenstellung von Lotze in Leipzig 1839—44 wirklich gehaltener Vorlesungen gemacht worden. Der nahe liegende Gedanke, die Vollständigkeit dieser Zusammenstellung zu verificiren durch die Bücher der Leipziger Quästur, erwies sich, bis jetzt wenigstens, als unergiebig. Herr Universitäts-Quästor E. Beer hat die Gefälligkeit gehabt, die Acten aus jener Zeit nachzusehen, aber nichts für den angegebenen Zweck Brauchbares gefunden.

Hinter den Vorlesungen, welche in der That gehalten worden sind, ist in [ ] überall die Zahl der Zuhörer notirt, welche, nach den Quästur-Berichten ꝛc., die betr. Vorlesung in dem betr. Semester gefunden hat. — Sogenannte Publica sind durch die bekannten Zusätze (publice, gratis, öffentlich, unentgeltlich) als solche kenntlich gemacht.

I. Leipzig (1839—44).

Wintersemester 1839—40.
Angekündigt:
Ueber Krankheiten des Nervensystems, 3 Uhr, 4 Tage, unentgeltlich.
Ueber des Aristoteles kleinere Schriften physiologischen Inhalts, 3 Uhr 2 Tage, unentgeltlich.
Wirklich gehalten:
Pastoral-Medicin (für Stud. der Theol.), zweistündig, unentgeltlich. [29]

Sommersemester 1840.
Angekündigt:
Allgemeine Pathologie und Therapie, 8 Uhr Morgens, 2 Tage, unentgeltl.
Psychologie, 3 Tage, in zu bestimmenden Stunden.

Wirklich gehalten:
Allgemeine Pathologie, Therapie und Pharmakodynamik, Mittwoch und Sonnabend, 10 Uhr, unentgeltlich. [43]

Wintersemester 1840—41.
Angekündigt:
Ueber Functionen und Krankheiten des Nervensystems, 3 Uhr, unentg.
Anthropologie, Montag und Donnerstag, 3 Uhr, unentgeltlich.
Naturphilosophie, Mittwoch und Sonnabend 11 Uhr, unentgeltlich.
Wirklich gehalten:
Ueber Nervenkrankheiten, Mittwoch und Sonnabend 3 Uhr, unentgeltlich. [18]
Naturphilosophie, unentgeltlich. [13]

Sommersemester 1841.
Angekündigt:
Allgemeine Pathologie, Therapie und Receptirkunst, 11 Uhr, 4 Tage.
Gerichtliche Medicin, in zu bestimm. Stunden, unentgeltlich.
Kritische Geschichte der Homoopathie und anderer neuerer Theorien, 8 Uhr, 2 Tage.
Logik und philosophische Encyclopadie, 2 Uhr, 2 Tage.
Anthropologie, 4 Uhr, 2 Tage, unentgeltlich.
Wirklich gehalten:
Anthropologie, Mittwoch und Sonnabend 3 Uhr, unentgeltlich. [18]

Wintersemester 1841—42.
Angekündigt:
Allgemeine Pathologie und Therapie, 8 Uhr, 4 Tage.
Metaphysik, 7 Uhr, 4 Tage.
Physische Geographie, 2 Tage in zu bestimm. Stunden, unentgeltlich.

Wirklich gehalten:

Encyclopädischer Cursus der Philosophie für Mediciner (mit besonderer Berücksichtigung des Studiums der Naturwissenschaften), Montag und Donnerstag 4 Uhr, unentgeltlich [40]

Sommersemester 1842.

Angekündigt:

Logik und Encyclopädie der Philosophie, 8 Uhr, 3 Tage.
Encyclopädie und Methodologie der Medicin, 2 Uhr, 2 Tage.
Organische Physik, 11 Uhr, 2 Tage, unentgeltlich.
Ueber Nervenkrankheiten, 3 Uhr, 2 Tage, unentgeltlich.

Wirklich gehalten:

Organische Physik (d. h. Anwendung der Physik auf den lebenden Körper), zweistündig, unentgeltlich. [15]

Wintersemester 1842—43.

Angekündigt:

Logik und Encyclopädie der Philosophie, 3 Uhr, 3 Tage.
Allgemeine Pathologie und Therapie, 3 Uhr, 3 Tage.
Empirische und speculative Psychologie, 11 Uhr, 2 Tage.
Ueber die neuesten medicinischen Theorien, 2 Uhr, 2 Tage, unentgeltlich.

Wirklich gehalten:

Logik und Encyclopädie der Philosophie, dreistündig. [8]
Empirische und speculative Psychologie, zweistündig. [5]
Allgemeine Pathologie und Therapie, dreistündig [5]

Sommersemester 1843.

Angekündigt:

Logik und encyclopadische Uebersicht der Philosophie, 11 Uhr, Mittwoch und Sonnabend.
Geschichte der Philosophie seit Kant, 11 Uhr, Montag und Donnerstag, unentgeltlich.
Encyclopädie und Methodologie der Medicin, 11 Uhr, Dienst. und Freitag.

Wirklich gehalten:

. . . .

Wintersemester 1843—44.

Angekündigt:

Allgemeine Arithmetik, 11 Uhr, 4 Tage.
Psychologie, 3 Uhr, 2 Tage.
Ueber das philosophische System Herbart's, 4 Uhr, 2 Tage, unentgeltlich.
Allgemeine Pathologie und Therapie, 3 Uhr, 4 Tage.

Wirklich gehalten:

Psychologie, Dienstag und Freitag, 8 Uhr. [30]
Allgemeine Pathologie und Therapie, zweistündig, 3 Uhr. [11]
Allgemeine Arithmetik. [9]

II. Göttingen (1844—81).

Sommersemester 1844.

Geschichte der neuesten Philosophie seit Kant, fünfstündig. [9]
Reine und angewandte Logik, vierstündig. [17]

Wintersemester 1844—45.

Psychologie, 5 Stunden, 8 Uhr. [30]
Metaphysik, 4 St., 2 Uhr. [10]
Allgemeine Physiologie, 3 St., 3 Uhr. [13]
Philosophische Disputationen, privatissime aber gratis.

Sommersemester 1845.

Logik und encyclopädische Einleitung in die übrigen Theile der Philosophie, 4 St., 7 Uhr Morgens. [60]
Aesthetik, 4 St., 4 Uhr. [4]
Anthropologie, 2 St., 11 Uhr, publice. [?]
Philosophische Disputationen, privatissime aber gratis.

Wintersemester 1845—46.

Logik und encyclopädische Einleitung in die übrigen Theile der Philosophie, 4 St., 5 Uhr. [12]
Psychologie, 4 St., 8 Uhr. [22]
Metaphysik, 4 St., 2 Uhr. [3]
Allgemeine Physiologie. [10]

Sommersemester 1846.

Naturphilosophie, 4 St, 7 Uhr. [7]
Kritische Geschichte der Philosophie seit Kant, 5 St.. 8 Uhr. [9]
Aesthetik, 4 St., 3 Uhr. [6]

Wintersemester 1846—47.

Logik und Encyclopädie des Systems der Philosophie, 4 St., 8 Uhr. [19]
Psychologie und Geisteskrankheiten, 4 St., 5 Uhr. [21]
Allgemeine Physiologie und Philosophie der Medicin ('Physiol. gener. et philosophiam ad reliqua artis medicae capita applicatam tradet'), 3 St., 11 Uhr. [11]
Philosophische Disputationen.

Sommersemester 1847.

Metaphysik und Elemente der Naturphilosophie, 4 St., 7 Uhr. [17]
Aesthetik, 4 St., 5 Uhr. [10]
Allgemeine Physiologie, 3 St., 10 Uhr. [6]

Wintersemester 1847—48.

Logik und Encyclopädie der Philosophie, 4 St., 8 Uhr. [15]
Psychologie, 4 St., 5 Uhr. [29]

Sommersemester 1848.

Naturphilosophie, 4 Stunden, 7 Uhr.
Aesthetik, 4 St., 5 Uhr. [14]
Geschichte der Philosophie seit Kant, 4 St., 4 Uhr. [16]
Ueber Geisteskrankheiten, 3 Stunden, 10 Uhr.

Wintersemester 1848—49.

Metaphysik und System der Philosophie ('de metaphysica et de forma
systematis philosophici'), 4 St., 2 Uhr. [13]
Psychologie und Geisteskrankheiten, 4 St., 5 Uhr. [36]

Sommersemester 1849.

Praktische Philosophie, 4 Stunden, 3 Uhr.
Aesthetik, 4 St., 5 Uhr. [10]

Wintersemester 1849—50.

Logik und Theorie der Erkenntniss, 4 Stunden, 9 Uhr.
Psychologie und Geisteskrankheiten, 4 St., 5 Uhr. [42]

Sommersemester 1850.

Metaphysik, 4 St., 8 Uhr. [9]
Aesthetik, 4 Stunden, 5 Uhr.
Allgemeine Pathologie, 4 Stunden, 3 Uhr.

Wintersemester 1850—51.

Logik und Theorie der Erkenntniss, 4 St., 3 Uhr. [15]
Psychologie und Geisteskrankheiten, 4 St., 3 Uhr. [23]

Sommersemester 1851.

Metaphysik und Naturphilosophie, 4 Stunden, 8 Uhr.
Aesthetik, 4 St., 5 Uhr. [4]
Allgemeine Pathologie und Therapie. [4]

Wintersemester 1851—52.

Logik und Encyclopädie der Philosophie, 4 St., 4 Uhr. [21]
Psychologie und Geisteskrankheiten, 4 St., 5 Uhr. [22]

Sommersemester 1852.

Geschichte der deutschen Philosophie seit Kant, 3 St., 3 Uhr. [20]
Metaphysik, 5 Stunden, 4 Uhr.
Encyclopädischer Cursus der Philosophie für Mediciner, 5 Stund., 8 Uhr.

Wintersemester 1852—53.

Logik, 4 St., 4 Uhr. [25]
Psychologie und Geisteskrankheiten, 4 St., 5 Uhr. [25]
Naturphilosophie, 4 Stunden, 8 Uhr.

Sommersemester 1853.

Metaphysik, 4 Stunden, 3 Uhr.
Geschichte der deutschen Philosophie seit Kant, 5 St., 5 Uhr. [12]

Wintersemester 1853—54.
Logik und Metaphysik, 4 St., 3 Uhr. [12]
Psychologie und Geisteskrankheiten, 4 St., 5 Uhr. [22]
Naturphilosophie. [13]
Sommersemester 1854.
Aesthetik, 4 St., 3 Uhr. [6]
Geschichte der Philosophie seit Kant, 4 St., 5 Uhr. [8]
Wintersemester 1854—55.
Psychologie und Geistesstorungen 4 St., 5 Uhr. [13]
Logik und Encyclopädie der Philosophie, 4 St., 3 Uhr. [35]
Sommersemester 1855.
Aesthetik, 4 Stunden, 3 Uhr.
Geschichte der Philosophie seit Kant, 4 St., 5 Uhr. [7]
Encyclopädischer Cursus der Philosophie für Mediciner, 4 Stund., 6 Uhr Abends.
Wintersemester 1855—56.
Logik und Encyclopädie der Philosophie, 4 St., 3 Uhr. [25]
Psychologie und Geistesstörungen, 4 St., 5 Uhr. [28]
Sommersemester 1856.
Metaphysik, 4 St., 8 Uhr. [14]
Aesthetik, 4 St., 5 Uhr. [10]
Ueber die Meinungen von der Natur der menschlichen Seele, Mittwochs 5 Uhr, öffentlich. [?]
Wintersemester 1856—57.
Logik und Encyclopädie der Philosophie, 4 St., 2 Uhr. [32]
Psychologie, 4 St., 5 Uhr. [24]
Sommersemester 1857.
Metaphysik, 4 St., 2 Uhr. [12]
Praktische Philosophie, 4 St., 8 Uhr. [15]
Wintersemester 1857—58.
Logik und Encyclopädie der Philosophie, 4 St., 2 Uhr. [21]
Psychologie, 4 St., 5 Uhr. [20]
Sommersemester 1858.
Naturphilosophie, 4 St., 7 Uhr. [19]
Religionsphilosophie ('Theologiam philosophicam, quam philosophiam religionis dicunt, docebit') 4 St, 2 Uhr. [10]
Wintersemester 1858—59.
Logik und Encyclopadie der Philosophie, 4 Std., 3 Uhr. [19]
Psychologie, 4 St., 5 Uhr. [31]
Sommersemester 1859.
Metaphysik, 4 St., 8 Uhr. [12]
Geschichte der Philosophie seit Descartes, 4 St., 5 Uhr. [17]

Wintersemester 1859—60.

Logik und Encyclopädie der Philosophie, 4 St., 2 Uhr. [36]

Psychologie, 4 St., 5 Uhr. [53]

Sommersemester 1860.

Naturphilosophie, 4 St., 8 Uhr. [18]

Religionsphilosophie, 4 St., 5 Uhr. [31]

Wintersemester 1860—61.

Philosophie der Geschichte oder allgemeine Culturgeschichte, 4 Stunden, 2 Uhr. [14]

Psychologie, 4 St., 5 Uhr. [70]

Sommersemester 1861.

Metaphysik, 4 St., 8 Uhr. [16]

Praktische Philosophie, 4 St., 5 Uhr. [14]

Wintersemester 1861—62.

Logik und Encyclopadie der Philosophie, 4 St., 10 Uhr. [52]

Psychologie, 4 St., 5 Uhr. [40]

Sommersemester 1862.

Naturphilosophie, 4 St., 8 Uhr. [12]

Religionsphilosophie, 4 St., 5 Uhr. [29]

Ausgewahlte Capitel der Philosophie, in zu bestimm. Stunden, publice.

Wintersemester 1862—63.

Logik und Encyclopädie der Philosophie, 4 St., 10 Uhr. [23]

Psychologie, 4 St., 4 Uhr. [33]

Sommersemester 1863.

Metaphysik, 4 St., 7 Uhr Morgens. [14]

Religionsphilosophie, 4 St., 5 Uhr. [17]

Wintersemester 1863—64.

Logik und Encyclopadie der Philosophie, 4 St., 10 Uhr. [21]

Psychologie, 4 Std., 4 Uhr. [45]

Sommersemester 1864.

Religionsphilosophie, 4 St., 9 Uhr. [10]

Naturphilosophie, 4 St., 11 Uhr. [16]

Wintersemester 1864—65.

Logik und Encyclopädie der Philosophie, 4 St., 10 Uhr. [24]

Psychologie, 4 St., 4 Uhr. [37]

Sommersemester 1865.

Metaphysik, 4 St., 10 Uhr. [14]

Aesthetik, 4 St., 4 Uhr. [16]

Wintersemester 1865—66.

Logik und Encyclopädie der Philosophie, 4 St., 3 Uhr. [33]

Psychologie, 4 St., 4 Uhr. [62]

Sommersemester 1866.
Religionsphilosophie, 4 St., 11 Uhr. [40]
Geschichte der deutschen Philosophie seit Kant, 4 St., 4 Uhr. [38]

Wintersemester 1866—67.
Logik und Encyclopädie der Philosophie, 4 St., 11 Uhr. [15]
Psychologie, 4 St., 4 Uhr. [44]

Sommersemester 1867.
Metaphysik, 4 St., 10 Uhr. [19]
Religionsphilosophie, 4 St., 4 Uhr. [26]

Wintersemester 1867—68.
Psychologie, 4 St., 4 Uhr. [64]
Geschichte der deutschen Philosophie seit Kant, 4 St., 11 Uhr. [21]

Sommersemester 1868.
Naturphilosophie, 4 St., 10 Uhr. [20]
Praktische Philosophie, 4 St., 4 Uhr. [23]

Wintersemester 1868—69.
Psychologie, 4 St., 4 Uhr. [33]
Logik und Encyclopädie der Philosophie, 4 St., 11 Uhr. [44]

Sommersemester 1869.
Metaphysik, 4 St . 9 Uhr. [12]
Geschichte der Philosophie, 5 St., 5 Uhr. [99]

Wintersemester 1869—70.
Logik und Encyclopädie der Philosophie, 4 St., 10 Uhr. [44]
Psychologie, 4 St., 4 Uhr. [82]

Sommersemester 1870.
Metaphysik, 4 St , 10 Uhr. [24]
Praktische Philosophie, 4 St., 4 Uhr. [32]

Wintersemester 1870—71.
Logik und Encyclopädie der Philosophie, 4 St., 10 Uhr. [20]
Psychologie, 4 St., 4 Uhr. [44]

Sommersemester 1871.
Metaphysik, 4 St., 10 Uhr. [15]
Religionsphilosophie, 4 St., 4 Uhr. [48]

Wintersemester 1871—72.
Logik und Encyclopädie der Philosophie, 4 St., 10 Uhr. [60]
Psychologie, 4 St., 4 Uhr. [67]

Sommersemester 1872.
Metaphysik, 4 St., 10 Uhr. [27]
Praktische Philosophie, 4 St., 4 Uhr. [29]

Wintersemester 1872—73.

Logik und Encyclopädie der Philosophie, 4 St., 10 Uhr. [74]
Psychologie, 4 St., 4 Uhr. [81]

Sommersemester 1873.

Metaphysik, 4 St., 10 Uhr. [32]
Religionsphilosophie, 4 St., 4 Uhr. [50]

Wintersemester 1873—74.

Logik und Encyclopadie der Philosophie, 4 St., 10 Uhr. [56]
Psychologie, 4 St., 4 Uhr. [93]

Sommersemester 1874.

Metaphysik, 4 St., 10 Uhr. [29]
Praktische Philosophie, 4 St., 4 Uhr. [38]

Wintersemester 1874—75.

Naturphilosophie, 4 St, 10 Uhr. [21]
Psychologie, 4 St., 4 Uhr. [74]

Sommersemester 1875.

Metaphysik, 4 St., 10 Uhr. [22]
Religionsphilosophie, 4 St.. 4 Uhr. [29]

Wintersemester 1875—76.

Logik und Encyclopädie der Philosophie, 4 St., 10 Uhr. [27]
Psychologie, 4 St., 4 Uhr. [47]

Sommersemester 1876.

Metaphysik, 4 St., 10 Uhr. [15]
Praktische Philosophie, 4 St., 4 Uhr. [9] *)

Wintersemester 1876—77.

Naturphilosophie, 4 St. 10 Uhr. [13]
Psychologie, 4 St., 4 Uhr. [54]

Sommersemester 1877.

Metaphysik, 4 St., 10 Uhr. [13]
Religionsphilosophie, 4 St., 4 Uhr. [29]

Wintersemester 1877—78.

Psychologie, 4 St., 4 Uhr. [59]

Sommersemester 1878.

Metaphysik, 4 St., 10 Uhr. [26]
Praktische Philosophie, 4 St., 4 Uhr. [23]

---

*) Lotze war auf seinen angelegentlichen Wunsch zu Neujahr 1875 aus der 'Wissen-schaftlichen Prüfungs-Commission für die Candidaten des hohern Schulamts' ausgeschieden, während er vorher (seit 1869) und auch nachher wieder (von Ostern 1879 an bis zu seinem Weggang von Göttingen) der genannten Commission als Mitglied angehört hat.

Wintersemester 1878—79.

Psychologie, 4 St., 4 Uhr. [55]
Religionsphilosophie, 4 St., 10 Uhr. [18]

Sommersemester 1879.

Metaphysik, 4 St., 10 Uhr. [24]
Geschichte der neueren, insbesondere der deutschen Philosophie seit
Kant, 4 St., 4 Uhr. [59]

Wintersemester 1879—80.

Logik, 4 St., 10 Uhr. [54]
Psychologie, 4 St., 4 Uhr. [106]

Sommersemester 1880.

Metaphysik, 4 St., 10 Uhr. [23]
Praktische Philosophie, 4 St., 3 Uhr. [34]

Wintersemester 1880—81.

Logik, 4 St., 10 Uhr. [41]
Psychologie, 4 St., 3 Uhr. [117]

III. Berlin (1881).

Sommersemester 1881.

Metaphysik, 4 St., 10 Uhr. [67]
Psychologie, 4 St., 5 Uhr. [155]